教 育 经 典 译 丛

教育的美丽风险

The Beautiful Risk of Education

（荷） 格特·比斯塔 / 著

赵康 / 译

北京师范大学出版集团
BEIJING NORMAL UNIVERSITY PUBLISHING GROUP
北京师范大学出版社

"为使某事发生，一个人必须接受'它'（指其他，无论'它'可能是什么）比我强大。为使某事发生，我必须缺乏某种力量，我必须……充分地缺少它。如果我比'其他'强大，或比所发生的强大，那就什么都不会发生。必须有'弱处'存在……"

雅克·德里达

（2001，p.64）

教育的视界

——在比较中西、会通古今中
发展中国教育学

梁启超 1901 年指出：中国自 19 世纪开始就进入了"世界之中国"阶段。这意味着中国与世界相互交织、化为一体。

王国维 1923 年进一步说道："余谓中西二学，盛则俱盛，衰则俱衰。风气既开，互相推助。且居今日之世，讲今日之学，未有西学不兴而中学能兴者，亦未有中学不兴而西学能兴者。"这意味着中西二学相互交融，盛衰一体、兴废一体。

困扰中国社会发展的"古今""中西"问题始终相互影响。倘不能处理好"中西"问题，忽视"西学"或"西体"，则必然走向"中国文化本位论"，进而如果不能处理好"古今"问题，中国实现现代化与民主化断无可能。倘不能处理好"古今"问题，忽视中国文化传统或"中学""中体"，则必然走向"全盘西化论"。由此可见，不能处理好"中西"问题，中国文化会深陷危机，中国现代化与民主化会成为无源之水、无本之木。

因此，中国教育理论或教育科学的繁荣必须坚持"比较中西、

会通古今"的方法论原则，这至少包括如下内涵。

第一，国际视野。我们要取兼容并包的态度，敞开心扉，迎接世界一切先进教育理论进入中国。我们要对这些教育理论进行翻译、研究、吸收并使之"中国化"，就像当年吸收佛教文献那样。我们要形成教育研究的国际视野：这包括价值论上的"世界主义"胸怀和多元主义价值观；知识论上的多重视角观，学会以人观人、以人观我、以我观人、以我观我，在视角融合和复杂对话中发现教育真理；方法论上的深度比较法，防止简单翻译、机械比附或牵强附会，要上升到文化背景、历史发展和价值取向去理解教育问题。

第二，文化传统。我们要珍视已持续两千余年的、以儒释道为核心的中国智慧传统，它不仅构成了中国文化，而且是世界文明不可或缺的组成部分。我们要将中国智慧传统植根于中国社会和历史情境，真诚对待并深刻理解，防止"厚今薄古"或"以今非古"的肤浅之论。我们要基于中国与世界的现实需求和未来趋势，对中国智慧传统进行"转化性创造"，使之脱颖而出、焕发生机。我们要基于中国智慧传统理解教育实践、建构教育理论，须知，"中国教育学"唯有基于中国智慧传统方能建成。我们要充分继承"五四运动"以来中国教育启蒙和教育民主化的宝贵传统，须知，"中国教育学"以实现东方教育民主为根本使命。

第三，实践精神。我们要始终关切实践发展、参与实践变革、解决实践问题、承担实践责任，须知，教育实践是教育科学的源泉。我们要把发展实践智慧作为教师解放和教师专业发展的核心，让教师成为"反思性实践者"。我们要成为每一个学生的真诚倾听者，通过倾听学生而悦纳、理解和帮助学生，最终实现每一个学生的个性自由与解放。

国际视野、文化传统与实践精神的三位一体，即构成"中国教育学精神"。践履这种精神是中国教育学者的使命。

是为序。

张华

于沪上三乐楼

在欧陆传统和英美传统的教育学之间穿行

——教育哲学家格特·比斯塔

　　在当今世界的西方教育哲学和教育理论领域，乃至更广泛的教育学领域，格特·比斯塔（Gert Biesta）是一位成就卓著而极具国际声誉的学者。但是，他的名字对中国读者而言却还比较陌生。在西方教育学界，他不仅是一位高产的教育学学者，而且其著作在学界和实践领域影响广泛而深远。虽然他一直主要在英国工作，但是2011 年他被美国教育哲学学会推选为主席，成为该学会历史上第一位来自北美地区以外的主席，这是没有先例的，足见其被国际同行认可的程度。作为一个以教育哲学和教育理论事业为使命的人，从 1999 年到 2014 年，他担当着国际期刊《哲学与教育研究》（*Studies in Philosophy and Education*）主编，为该领域的学者营造出一个百家争鸣的学术领地。离开这个岗位后至今，在大西洋两岸他又分别被聘为美国《教育理论》（*Educational Theory*）期刊副主编和英国《不列颠教育研究》（*British Educational Research Journal*）联席

---

*　浙江大学教育学院副教授。著有英文专著 Learning，Identity and Narrative：Towards a Theory of Reflexive Learning（2014）。

编辑。可以说，这位身兼研究者、教授和主编数职的跨国学者，已然被同行认可为当代西方教育哲学和理论界的领袖人物之一。

比斯塔是一位有着欧洲大陆背景但用英语写作的教育学家。要深入了解他，恐怕还是得从他极富跨国背景的教育生涯和学术生涯谈起。比斯塔1957年出生于荷兰鹿特丹。在大学短暂尝试学习了经济学和神学之后，他最终选择了教育学。1992年他在荷兰的莱顿大学取得教育哲学专业博士学位。读博士期间及毕业后，他在荷兰格罗宁根大学讲授教育学和教育哲学，继而在荷兰乌特勒支大学从事教学和研究工作。1995年他成功申请美国国家教育研究院斯宾塞博士后基金，遂往返于大西洋两岸从事博士后研究。为了寻求一个更加国际化和多元性的学术环境，1999年他举家迁居英国，先在英格兰的埃克塞特大学任教，2007年前往苏格兰斯特林大学担任教育学教授。2012他返回欧洲大陆，执教于卢森堡大学。几年后，他再度回到英格兰，在伦敦布鲁内尔大学任教至今。他曾是瑞典和芬兰等多所大学的访问教授。目前，他是挪威卑尔根的挪威教师大学学院访问教授，以及荷兰乌得勒支人文研究大学的荷兰教育事务高等研究院兼职主席。除了学术工作，他还是荷兰教育委员会(荷兰政府与国会的咨询机构)的成员(2015—2018)。比斯塔这样一直不停穿梭于欧州大陆、大不列颠岛和北美三地，构成了他的跨国学术战场，使他具有独一无二的国际学术视野。

比斯塔之所以在同行之间、在更大范围的教育学术领域内被广为认可，恐怕主要还要归结于他在教育哲学和教育理论方面的跨国贡献。一方面，作为一位欧洲大陆土生土长的学者，他将杜威教育哲学作为自己的学术生涯起点，这使他与北美教育哲学界保持着长久而频繁的关系。他的第一部英文著作《实用主义与教育研究》（*Pragmatism and Educational Research* 第一作者）就是基于他的博士论文而形成的。另一方面，他在荷兰的教育经历和学术生涯，使欧陆教育学（荷兰语 pedagogiek）传统成为他学术生命的根源。在 20 世纪 90 年代后期，比斯塔在福柯、德里达、列维纳斯、阿伦特和朗西埃等欧陆哲学家的著作中寻找灵感，敏锐而深刻地联系当代西方教育问题和议题，发表了大量极具独创性的论文，开辟了新的研究领域。他编著的《德里达与教育》（*Derrida and Education*，2001）成为研究解构主义与教育的先锋之作。转至英国之后，他将自己融入英国教育研究的环境，在研究教育理论之余，主持和参与了多个英国政府"教学与学习研究项目"（TLRP）支持的大型实证研究项目。这些经历使他很重视实证研究和理论研究结合的成果。同时，他受聘于北欧多个大学的客座教授，与欧陆教育研究界保持着密切的联系。

如果说在欧洲大陆工作时期，比斯塔的教育哲学研究的"哲学味"很浓的话，到英国后，他的教育哲学和理论研究的"教育味"则更浓些。稍了解比斯塔 2000 年以后著述的人无不惊叹于他涉足的领域和著作发表量。除了在教育哲学方面的成就，他的研究领域涵盖诸如教师教育、教学论、成人教育、职业教育、公民教育和课程论等理论和实践领域，而且在每个领域都自成一派。他的跨国经历和通晓多种语言文化的成长史，使他能对欧陆和英美两种教育学/教育研究传统在更深的层次进行分析、对话和反思。比斯塔认为欧陆传统的教育学依然是塑造自己学术身份的根源，因此他更愿意认为自己是一个"教育学家"（英语：an educationalist，荷兰语：a pedagoog），而在称自己是一个教育"哲学家"时会有所犹豫。

迄今为止，比斯塔的教育哲学，或他自成体系的教育理论，可以说贯穿于他的三部专著中。每部著作虽然都内容庞杂，线索纷繁，但我们也可以看出他对主体性、自由、教学、解放和民主等教育主题的一贯兴趣和关注，也能找到最终构成他自成体系的教育理论的轨迹。《超越学习：人类未来的民主教育》（*Beyond Learning：Democratic Education for a Human Future*，2006）是他到英格兰后独立完成的第一部学术专著。此书批判了当代教育领域的学习化倾向，主张关注教育中内含的关系维度，包括信任、干预和责任，并开始浮现出极具存在主义特征的教育理论。比斯塔指出，当代教育基于"什么是人""什么是人的主体"等观念和定义之上，但是这些哲学问题在现代已受到挑战，并面临局限性。假如我们可以跳过这些哲学问题，通过直接致力于教育活动来面对和理解这些问题，而不是在开展教育前就把它们看成定论的、指导性的和奠定性的理论问题，那么，这些问题就可看成开放性的问题，我们也会获得理解教育和从事教育的不同方式。顺着如此大胆的思路，他主张，在教育领域中，与其关注"人的主体是什么"的问题，不如更应该关注"人的主体在哪里出现"这一问题。与列维纳斯一起，他指出人如何回应他者、如何回应与自己的不同，会反映出人的主体性。在这种伦理关系中，人的独一无二的主体性会出现于世界。并且，根据阿伦特的理论，只有这个世界是多元的、允许差异存在的，这种独一无二的主体性的出现才是可能的。比斯塔认为未来的教育应该为这种主体性或独特性的出现创造机会，所以他提出了"中断教学法"（a pedagogy of interruption）的概念，即通过某种教学实践，使学生的"常规存在"出现中止，让他们面临困难的境地和问题，让他们学习如何负责任地回应他者，负责任地回应差异。该书荣获 2008 年美国教育研究协会评论家推荐书奖。

转至苏格兰斯特林大学后，比斯塔完成了他的第二本专著《测量时代的好教育》（*Good Education in an Age of Measurement*，2010）。在书中他论述，当今全球各国高度关注教育质量问题，过度地对教育结果进行测量，从而在各国教育内部和在各国之间对教育成效进行比较。这已然成为全球一个日益普遍的趋势。他批判性地论证，过分专注于对教育结果的测量，实际上无形中置换了对教育目的问题的讨论。在此背景下，"什么会构成好的教育"这样的问题很难再被探讨和争论。这实际上是真正有损于教育质量的。比斯塔深刻地洞察到，教育领域中循证研究（evidence-based research）的主导趋势，导致民主地致力于教育工作的环境缺失了；教育领域中的技术—管理模式的问责制文化，实际上是对公共教育机构的责任和教师责任的损害；教育领域中的消费主义和某种特定民主观，实际上造成教育中公共领域的没落，淡化了教育作为公共物品的维度。

这就是为什么他在这本书中从教育的民主维度、伦理维度和政治维度探讨什么是好的教育的动因。他在书中还进一步完善了他在《超越学习》中提出的"中断教学法"概念。尤为可贵的是，为了建设性地(而不只是批判性地)探讨什么是好的教育，他在书中建立了一个全新的关于教育功能和教育目的理论构架，认为教育活动的功能可以分为社会化、资格化和主体化三个维度，而我们也可以把它看作教育目的的三个方向。这个理论构架不仅能够让他在书中展开自己严谨清晰的论证，而且能帮助人们更加准确和更加全面地探讨教育功能和教育目的问题，并运用它反思和判断教育实践中的具体问题。美国哥伦比大学教师学院的戴维·汉森(David Hansen)教授这样评价他："在这本书中，格特·比斯塔又一次表明，他为什么是我们这个时代最为深思熟虑的教育学者和教育评论家之一。"

呈现在读者面前的这本《教育的美丽风险》(*The Beautiful Risk of Education*，2013)是比斯塔到卢森堡大学后完成的著作，也是其理论专著的第三部。此书通过教育中的七个主题(创造力、交流、教学、学习、解放、民主和精通)，即教育的七个关键层面，深度论述"教育之弱"是使教育得以可能的条件这一论点。联合前两部著作的论点及在此书中对它们的深化和补充，比斯塔最后提出"事件教学法"(a pedagogy of the event)这一充满存在主义内涵的教育理论作为他的一种教育主张。原书的序言中有对该书内容极为精简清晰的介绍，为了避免重复，我在这里就不另做详细叙述。我想告诉读者的是，该书以其卓越的论证获得美国教育研究协会 2014 年杰出图书奖（课程分支）。此书不仅受到作者同行的高度评价，而且受到各国教育学领域和教育界的推荐，目前已有了荷兰语、丹麦语、挪威语、西班牙语、波兰语和日语等多个译本。

2004 年的深秋，在英格兰的埃克塞特大学，我有幸成为比斯塔的研究生。他那时正值盛年，身材挺拔修长，浅蓝棉布衬衫和深蓝条绒裤是他的标配，一副银丝边眼镜后目光深邃，浑身散发着强烈的学者气息。他常常表现出超然的神态，流露出随时陷入思考的神情。讲起课来，他语气平和，逻辑清晰，思维敏捷，但也不时放慢语速以强调他想强调的部分。与他交流，他的回应常一针见血，直中要害。在比斯塔决定收我做他的博士生之后，他提供给我几个大方向让我选择，而不是指派我做什么研究。然后他鼓励我独立探索，定期让我把写的东西发给他看，再给我反馈。他还隔三差五把他已发表或即将发表的论文给我看，以至于我感觉我读的速度都赶不上他发表的速度。这些引导都无形中激励我往前走。虽然我们会定期约见，但他显然不是那种总在学校的教授，而是有时赴欧洲某个大学讲学，有时去北美参加某个学术会议。这种情况下，他会及时用电子邮件指导我，推动我博士论文的进展。跟随他学习的几年里，我感觉他好像把我当作一个和他一起工作、一起对话的朋友。现在回想，正是那些对话在当时乃至今天都不时给我启示。

在我结束海外学习回国后的几年里，有好几次机会，在不同的地方，我去听来中国的欧美教育学者的讲座。在与他们私下的交谈中，他们问我在英国读书时的老师是谁。因为有的学者来自教育学的不同领域，我想他们可能并不知道他是谁。我告诉他们后，让我惊讶的是，他们不但大多都知道他，而且对其成就和才华的欣赏溢于言表。我在国内还遇到过几个从英美留学或访学回来的中国学生。我记得一个学生说她的外国导师极力推荐她读比斯塔的书和论文，而另一个学生则说，他在国外的课堂上曾参加过他老师组织的专门讨论比斯塔著作的研讨会。这些事情又着实让我非常惊讶，因为我做他的学生时，也不知道他在国际同行中有如此的认可和影响。

我国教育学界对比斯塔及其著作的熟悉度并不高。早年间受国内学界前辈的支持，我曾有机会翻译过他的两篇论文刊登于国内期刊上，但是他的专著一直没有被翻译成中文。对面向世界、面向未来的我国教育领域而言，缺少对这样一位国际认可度极高、学术视野极广的教育学大家的了解，不能不说是一种缺憾。一直以来我觉得自己有责任把比斯塔最新且影响力较大的专著翻译成中文，介绍给我国读者。《教育的美丽风险》就是这样一本书。今天，此书的中译版终于面世，算是多少填补了一个缺憾。为此，我想感谢张华教授和郭芳博士，是他们的眼光和努力才使这部著作最终进入中国读者的视野。可以说，整项工作体现了他们对我国教育学界实实在在的一份贡献！

参考文献

[1]格特·比斯塔. 教育研究和教育实践中的证据和价值,赵康译. 北京大学教育评论. 2011(1).

[2]格特·比斯塔. 为着公益的教育哲学:五个挑战和一个议程. 赵康译. 教育学报. 2011(4). (2011 年 4 月在美国新奥尔良举行的美国教育研究协会年度会议中,教育哲学研究专门兴趣组会议特邀演讲)

目　录 /

/致 谢/

我的书《超越学习：人类未来的民主教育》（以下简称《超越学
习》。——译者注）在 2006 年出版后，我感觉像是结束了一次漫长
的跋涉。《超越学习》包含我从 20 世纪 90 年代起就已经思考的观
点，并且第一次尝试把它们集合在书本规模的出版物中。这样做首
先是有益于我的，因为这样让我看到之前没有真正领会到的主题和
相关性。这就是为什么我想谨慎地表明，这本书中的思想可能发展
为一个教育理论了。别人也觉察到了这一点，因为这可以从世界各
地的审阅者、同事、学生的反馈中，特别是从教师和教师教育者的
反馈中，清楚地体现出来。本书中的思想显然触动了他们。读者们
逐渐欣赏"中断教学法"（pedagogy of interruption）思想的多重性，
及其连带概念"来到世界"（coming into the world）和"独一性"（u-
niqueness）。我用这些概念力图阐明一种教育语言，使其在不具备
何谓人的主体或人的主体应当为何的真理的前提下，有可能回应在
思索和"从事"教育时带来的挑战。读者们对于我在探索民主与教育
之内在联系方面的尝试，对于我就"新学习语言"（new language of

learning)给教育造成的影响的评论，也给予了积极的回应。

随后在我2010年出版的书《测量时代的好教育》中，补充了几点加以讨论。可能最重要的一点就是引入一个概念框架，能够让我把在《超越学习》中发展出来的思想放在关于教育功能和目的的讨论中。在《测量时代的好教育》中，我提出教育过程和实践始终运行在三个交叉重叠的领域中，我称之为资格化（qualification）、社会化（socialization）和主体化（subjectification）。一方面，这些领域的区别能让我论述，关于好教育的问题需要联系"人们打算取得什么"来讨论解决——就教育过程和操作本身而言从来没有什么是好的或值得想往的——还突出了教育就其意向和理想而言，从来不是单维度的，因此总是存在如何取得适当平衡的难题；另一方面，这个框架能让我更清楚地揭示《超越学习》的关注点是放在教育的"主体化"上的，用《超越学习》的语言来讲，就是放在教育如何帮助"新人"以自己独一无二的"存在"方式来到世界。这样，我能得以澄清教育的"主体化"功能并非教育唯一重要的东西，尽管我坚持认为没有对这个维度的关注，教育有可能沦为社会复制（social reproduction）的又一个工具。《测量时代的好教育》中的内容，一方面意在解释为什么目的问题（即教育是为了什么的问题）从教育讨论中消失了（我已把这个问题与教育中有关证据和问责的争论以及教育话语中的广泛蔓延的"学习化"现象联系起来了）；另一方面是想为那些和我一样关注广义上的好教育的人们提供一种语言，从而能够以更明确和更慎重的方式（再次）致力于目的问题。为展开这项工作，我进一步发展了"中断教学法"概念、民主教育问题和教育全纳的观念。

在某种意义上，这本书结束了我从《超越学习》中开启的轨迹。它聚焦于前两本书中隐含的主题，但是，在我看来，这个主题值得给予更加明确的对待。但是，这绝不是因为这个主题对于人们可能希望怎么致力于我的思想具有重要启示——那些人可能希望在诸如学校、学院和大学等实践场景中，或相对于成人教育或社区教育而言，来运用我的思想。这本书的目的是探索我将指称的教育之弱（the *weakness* of education）的不同维度。教育之弱，指的是这样一个事实，即教育过程和实践不是以像机器运行一样的方式而运行的。我在书中呈现的论述是，"教育之弱"不应当被看作一个需要克服的问题，而恰恰应当理解为使教育过程和教育实践具有教育性的"维度"。这就是为什么任何试图消除教育之弱的做法，任何试图使教育成为一个运行完美的机器的做法——这样做并不是完全没有可能，尽管我会论述就算不是在所有情况下，但是在多数情况下，为此付出的代价会很高——最终都使得教育转而反对其自身。因此，教育之弱意味着任何教育参与——包括教育者的参与和受教者的参与——总是含有风险的。本书的主要前提是，我们应当接受这种风险并视其为积极事物——它恰恰属于"名副其实"的教育。

尽管在我写《超越学习》的初稿时并没打算出一套"三部曲"，但是我写的这三本书的确衔接在了一起，以至于它们构成了一个教育理论——我现在可以更自信地这样说。（这本书末尾的附录中含有一个 2011 年对我的访谈，里面简要概括了这个教育理论的关键思想)这些书中的思想只不过是阿伦特意义上的"开始"。如果要使这些思想更加真切，其他人必须继续从事下去，而且有必要超越我所能控制和打算的范围。换句话说，如果要使这些思想更加真切，它们需要"被置于风险中"。在这个意思上说，呈现在这本书和前两本书中的思想，应当首先被看作对未来理论和实际工作的邀请。对于人们会以何种程度遵照我所写的字字句句来开展工作，我并不太关心，但是我的确希望人们会以和我相似的精神来从事这种工作。

写这本书是一个非常有意思的经历。整个过程要比我预期的困难得多，也比我以前的写作任务困难得多。尽管我有雄心创作一本有着高度统一性和一致性或较强"逻辑性"的书，但是当我动手写作的时候发现，我面对的材料(思想、文本、术语和语言)不是总能让我随心所欲表达我想表达的。在这个意义上，这本书教会我与其题目相关的一课：任何一项创造活动(包括教育)，至多是作者意图和他处理的材料之间的一个对话，因此也是一个双方都有声音和双方都有角色参与的过程。因此本书呈现的逻辑，正如我在序言中写道的，会显得变化多样，而不是线性的。它就本书主要的题目提供了一系列视角，而不是以一个逐渐展开的论证线索行进。然而，我希望在后面连缀在一起的东西能够提供一些有用的"开始"。

我在许多不同的场合和地方都曾把这本书中的思想付诸实验。我想感谢赫纳·赛维罗特(Herner Saeverot)，是他给这本书所讨论的内容以首次实验的机会，是他鼓励我更清晰地阐明我思想中的存在主义的要旨。我也想感谢约翰·D. 卡普托(John D. Caputo)；他的著作是我提出并探讨教育之弱的论证的灵感源泉和激励源泉。他的著作也在我给书起名时赋予我灵感。我和丹妮丝·艾格-库纳 (Denise Egéa-Kuehne)一起编著的关于德里达(J. Derrida)与教育的著作,对我的思考产生长远的影响。我还非常感谢她给我机会让我思考列维纳斯(Levinas)的思想与教育学的联系。我要感谢吉姆·加里森(Jim Garrison)就实用主义和我展开对话,包括那些帮助我看到实用主义的限度和缺点的对话。我还要感谢山姆·罗查(Sam Rocha),是他就我有关教学与超越的反思,给了我诸多重要反馈。与查理斯·宾厄姆(Charles Bingham)的合作也加深了我理解雅克·朗西埃(Jacques Ranciere)的著作在教育方面的重要性,特别是对"解放"问题而言。克里斯·希金斯(Chris Higgins)为我提供了机会,使我得以更深入地探索汉娜·阿伦特(Hannah Arendt)的著作。我想感谢他,以及沃特·波尔斯(Wouter Pols)和乔普·伯丁(Joop Berding),是他们帮助我加深了我关于教育和政治存在的观念的理解。而沃特·波尔斯、卡洛·威尔曼(Carlo Willman)和珍妮特·奥查德(Janet Orchard)给了我机遇,使我发展了关于教学和教师教育的思想。这本书里的许多思想也和斯特林大学(University of Stirling)、厄勒布鲁大学(Örebro University)和梅拉达伦大学(Mälardalen University)的学生和同事们讨论过。托马斯·英格伦(Tomas Englund)是我在厄勒布鲁大学做访问教授时令人愉悦的东道主,而卡尔·安德斯·萨弗斯特朗姆(Carl Anders Säfström)在我作为梅拉达伦大学访问教授时为我提供了一个振奋人心的学术环境。最后，我想感谢范式出版社的杰森·贝瑞（Jason Barry）和迪安·伯肯坎普（Dean Birkenkamp），因为是他们一直对这个研究抱有信心，是他们给这个研究以不断的支持。

我把这本书献给那些曾经教过我的人。

2012 年 8 月
于英国爱丁堡

/序言　论教育之弱/

　　这本书涉及许多教师都知道但却日益避而不谈的主题：教育总会包含风险。这种风险不是由于教师不够资格而可能导致他们在工作中失败。这种风险不是由于学生学习不够努力或缺乏主动性而可能导致他们不及格。这种风险总会存在，正如 W. B. 叶芝（W. B. Yeats）所言，是因为教育不是填充一个空水桶，而是生起一团火焰。风险总会存在，是因为教育不是机器人之间的互动，而是人与人之间的相遇。风险总会存在，是因为不能把学生看成被塑造和规训的客体，而要看成发起行动和当担责任的主体。是的，我们开展教育活动，是因为我们想要结果，也因为我们想让我们的学生学习并取得成就。但是，那并不意味着一种教育技术，即"输入"与"输出"的完美匹配状态是可能的或是值得想望的。其原因在于一个简单的事实：如果我们去除教育风险，那也就意味着我们真有机会去除整个教育了。

　　但是，把风险从教育中去除恰恰是教师们日益被要求做的。这看起来是政策制定者、政治家、流行出版界、"公众"和诸如"欧洲经济与合作发展组织"以及"世界银行"这样的机构，日益对教育的期望（假如不是"要求"的话)。他(它)们想让教育变得强大、安全而可预测,而且想让教育在各个层面都不存在风险。这就是为什么学校教育的任务,日益被建构为规定的"学习结果"的高效生产——不管是在少数科目中的学习,还是就一整套有限身份认同的获得而言(如"好公民"或高效的终身学习者)。这也是为什么会有越来越多的力量让教育变成一个安全而无风险的空间(Stengel & Weems, 2010)。本来应该是有关"程度"的事情,却变成一个"不是……就是……"的状况,从而使得教师运用判断的机会完全消失了。毕竟,这里的问题不在于教育是否应该取得某事物,或者教育空间是否应该稳妥,而在于教育应该取得什么且在多大程度上这是能预先规定好的,以及哪一种稳妥性是值得向往的且在何种程度上对稳妥性的愿望变成了非教育性的。

对风险的规避弥漫于当代教育,而这一现象把教师置于一个困难的境地。政策制定者和政治家们往往以抽象的和有一定距离的方式审视教育,并且主要是通过统计和绩效数据来看,而这些东西易于操纵,人们也容易就此拥有意见。可是教师是真正和人互动的,并且会立刻意识到教育不能那样简单地"确定"——或者说要付出极高的代价才能"确定"。使教育变强、使教育安全、使教育可预测以及使教育免除风险的欲望,从某种意义上讲,是希望摆脱这个现实世界。它试图否定教育总是应对活生生的"物质",即人类主体,而不是无生命的客体。使教育变强、使教育安全、使教育可预测以及使教育免除风险的欲望,试图忘掉教育最终应该旨在让教育自身不再是必要的——没有教师想让他们的学生是永久的学生——这就意味着教育必然有一个让受教者获得自由和独立的导向。

的确，通过操纵让教育获得预期结果是可能的；对人类学习的复杂性和开放性进行简化是可能的——人们甚至可以说数个世纪以来所发展的教育实践和机构恰恰在做着这样的事情。（Biesta，2010a）但是对复杂性的简化总是要付出代价，而涉及道德、政治和教育的问题是，为了让教育"获得预期结果"，我们愿意付出什么代价？从某个方面看，这是一个实际问题，因为它不得不和"我们想让教育为了什么而获得预期结果?"的问题一块儿讨论。（Biesta，2010b）但这总会牵涉需要审慎判断在什么情况下对复杂性的简化变成了不合理的和非教育的压制，在什么情况下这种压制变成了压迫。因此，只是简单地要求教育变强、使教育安全、使教育可预测和使教育免除风险，并把任何没有按这个路径行进的偏离视为需要"解决"的问题，是在许多方面没有理解教育的要领。

这和一种态度有关。这种态度表现在使教育变强、使教育安全、使教育可预测和使教育免除风险的欲望中。法国教育学家菲利普·梅里厄（Philippe Meirieu）把这种态度描述为幼稚的（infantile）（Meirieu，2008，p. 12）。他论证认为，教育能被完全控制的想法否定了世界并不单单由我们自己支配这样一个事实。它否定的事实是：其他人有他们自己的存在方式和思考方式，而他们自己的原因和动机可能完全和我们不同。期望让这些不同消失是否定这样一个事实：别的事或别的人（what and who is other），对我们来说，那就是别的（other）。因此，这种态度是魔幻思考的一种形式，认为这个世界的存在是由我们的心智和欲望投射而出的。教育恰恰关注的是克服这种"原始的自我中心主义"(original egocentrism)，但不是通过推翻或铲除儿童或学生的出发点，而是创建和别的事及别的人对话的机会(同上，p.13)。对话，不同于争辩，与成功或失败无关，而是和怎么联系在一起有关，并使所有参与者都能在这种联系中获得公正对待。

让教育变强、使教育安全、使教育可预测和使教育免除风险是不得教育要领的表现，因为这个看法以为教育只有两种选择：或者迁就于儿童的欲望，或者让儿童受制于社会的欲望；或者绝对自由，或者绝对控制。但是教育关注的不是在这些选择面前采取何种立场（这反映的是教育进步主义和教育保守主义的陈旧对立），也不是在这两极之间找到一个皆大欢喜的中介或者妥协。教育所关注的，在于把由欲望出发而想要的转化为值得向往的(Biesa，2010b)；在于把实际欲求的东西转化为合理期望的东西——这种转化从来不是由自我及其欲望推动的，而始终要求有别的事和别的人参与(而这恰恰使教育问题成为和民主有关的问题。Biesta，2011b)。因此，这又是一个对话的过程。这使得教育方式成为缓慢的方式、艰难的方式、受挫的方式，因此我们也可以说，是一个弱的方式，因为这个过程的结果既不是保险的也不是安全的。

我们生活在一个急躁的时代。在这个时代里，我们不断获得一种信息，认为即刻满足欲望是可能的而且是好的。让教育变强、使教育安全、使教育可预测和使教育免除风险的要求就是这种急躁的一种表达。然而这种要求建立在一个对教育是什么的根本误解之上，建立在一个对什么使教育"获得预期结果"的根本误解之上。它把教育的弱点——在教育"输入"与"输出"之间永远不会有完美配合的事实——仅仅看成是缺陷，仅仅是需要解决和克服事情，而不是同时把它看成恰恰是教育之所以可能的条件（Vanderstraeten & Biesta，2007）。正是这个误导的急躁，把教育推向这样的方向：教师的薪水，甚至他们的工作，都取决于他们提高学生成绩的所谓能力。正是这个误导的急躁，导致了教育的医疗化，从而让儿童适应既有的教育体制，而不是追问儿童不适应的原因在哪里，以及谁最需要治疗：是儿童，还是社会。因此教育的方式，也就是那种缓慢、艰难和受挫的方式，在一个急躁的社会里可能不是一个最受欢迎的方式。但从长远看，它终将是唯一可持续的方式，因为我们都知道致力于全盘控制人们所做的和所想的体制，如果不是先从其内部破裂，也最终会在自身的重压下坍塌。

因此，本书的各章从教育之弱的角度讨论教育。我力图呈现为什么、如何、什么时候、出于什么原因以及在什么情况下，教育的弱点——即承认教育不是一种机械主义，并且也不应该变成一种机械主义——是重要的。本书并非不加限制地歌颂所有具有弱点的事物，而是力图呈现：一方面教育只在交流（communication）和解释（interpretation）的脆弱连接处获得预期结果，在中断（interruption）和回应（response）的脆弱连接处获得预期结果；另一方面，假如我们的教育努力关注让受教育者成为自己行动的主体——既是自己行动的创造者和发起者，又对自己行动的结果负责——那么教育的弱点是至关重要的。

当然，这种让儿童或学生成为一个独立的主体的导向并不是教育中唯一重要的。正如我在别处详细论证过的（Biesta，2010b），教育（至少）在三个领域中具有功能，也因而教育目的可以在三个领域阐释。一个领域是资格化，它涉及获取知识、技能、价值观和性情等。第二个领域是社会化，它涉及我们通过教育而成为已有传统和已有行动及存在方式中的一员。第三个领域是主体化，它涉及对受教者的主体性或"主体状态"（subject-ness）的关注，同时涉及解放和自由以及和这一自由连带而来的责任。教育的弱点在这三个领域是决定成败的因素，但是我们对这个弱点有多重视，关键在于我们在多大程度上相信：教育不仅是对我们已经知道的或已经存在的事物的复制，也是对新的开始和新人进入这个世界的方式有真正的关注。（Biesta，2006a；Winter，2011）因此，这种导向不仅仅涉及我们怎样把世界带给儿童和学生；它还涉及——可能首先涉及——我们如何帮助我们的孩子和学生参与到这个世界中，从而进入这个世界中。

　　在下面七章内容里，我从一系列不同的角度和相对于数个教育主题，来探索教育过程和教育实践的弱点。我选择的主题是创造力、交流、教学、学习、解放、民主和精通。在第一章中，我首先讨论创造力的主题。尽管许多关于创造力的著作聚焦在教育怎么培养学生的创新力方面，我会从一个不同的角度切入教育创造力的问题。我一方面关注教育本身作为一种有创造力的过程——就是说教育作为一种过程会"创造"（新事物）；我另一方面关注我们如何能够最好地理解"创造"的意义，再具体点，如果把教育看成是以某种方式帮助（教育者）创造人的主体性，那么这意味着什么。受约翰·卡普托（John Caputo）著作的启示，我区分了对"创造"的两种理解："强的"形而上学意义上的创造(strong metaphysical creation)和"弱的"存在主义意义上的创造(weak existential creation)。第一种理解对西方关于创造的意义(不管是世俗话语，还是宗教话语)的思想有主导性影响，而卡普托通过对《创世记》中关于创造的故事的解读，揭示了创造活动可以(从某种意义上是应该)在万能、力量和形而上的范围以外来理解。这是一个对创造的弱度理解，我通过讨论伊曼纽尔·列维纳斯(Emmanuel Levinas)的著作将其与主体性问题联系起来。此处，主体性不是理解为一种实质(essence)，而是理解为一个事件(event)，一种只能以存在主义用语——故此也是"弱"用语——来表达的东西。这样做能让我揭示，对于真正处于任何教育努力之核心的事物(在我看来即人的主体性的出现)而言，教育的弱点是如何显现其重要性的。

教育从本质上来讲是一个对话过程，因此在第二章，我聚焦在交流的主题上。在这一章的第一部分，我既从宏观层面，又从有关教育过程和教育实践的方面，讨论在杜威的著作中"交流"概念是怎样被理解和理论化的。不同于"发出—接收"的交流模式，即似乎仍然支持多数常识性理解的"交流"的模式——既存在于教育领域又存在于其他领域——杜威提供的交流概念是"意义产生"的过程，而在这一过程中，通过互动和参与，事物真正具有了共同性。不管是在微观层面的如学校和教室里的意义交流，还是在宏观层面的文化和传统之间的交流，或以一个更概括的短语所表述的"跨差异"互动，杜威(Dewey)提出的"交流作为参与"的理解对教育具有重要启示。但正是在这个地方，杜 *6*

威的交流哲学存在一个问题。为了揭示问题是什么，我把目光转向雅克·德里达的著作。运用德里达的著作，我论证杜威把"以意识为中心的哲学"向"以交流为中心的哲学"转变，仍然是试图"建构"交流，因而，这个理论具有不能完全真正实现自身意图的风险。所以，我论证为了让这个交流哲学运用于教育和政治"工作"，它需要让自己冒险处在"交流"之中——我称这种姿态为解构性实用主义（deconstructive pragmatism），而不是被解构的实用主义（deconstructed pragmatism）。

交流就是互动和参与的观念，进一步强化了教育本质上是一个对话过程的观点。这可能给读者一个印象，那就是我在宣扬把教育理解为人们通过互动和对话而一起学习的过程。这在当代教育话语和实践中的确已经成为一个流行甚至是风行的思想，因为从诸如"实践共同体"和"学习共同体"等概念中可以体现出来。但是以这些用语来思考教育，会去除在我看来是教育最根本的东西，这就是教师的在场。教师不仅仅是学习伙伴或者是学习促进者，而是——用最为概述性的用语来说——那些必须能给教育情境带来之前没有过的东西的人。因此在第三章，我讨论的主题是教学；我论述要理解什么是"教学"，我们需要将其与"超越"的观念联系起来——教学作为"从外部而来"的事物。我对教学和超越发起的讨论，一方面是针对教育领域中建构主义的兴起，一方面是针对"接生术"式的教学，也就是把教学视为接生婆式的活动；我会揭示两种理解都有把教师从（我们所理解的）教育过程中去除的危险。但是，有一点需要预先说明，教学的"力量"不应该理解为教师所具有的力量。通过讨论"从……学习"和"被……而教"的区别，我强调教学带来的礼物，从某种意义上讲，是一件不能预见为可能性的礼物——它是可以被接收的礼物，但不是在一种主动和强烈意义上的由教师给予的礼物。

在第四章，我转向了学习的主题。针对学习是某种自然现象从而可以进行理论化、进行研究和进行教育干涉的观点，我论述学习是建构的事物——当我们说起某种被称为"学习"的事物时，我们并非介入某种自然发生的现象的描述中，而实际上在做一个有关变化的判断。这种判断在教育环境中自然是重要的，但其重要性在于明白这些判断要做什么，也就是说是针对值得向往的变化而进行的规范性判断，而不是对不可避免的自然过程的描述。把学习看成是建构的和非自然存在的概念，能够揭示通过"学习"理念而从事的政治"运作"，而我会通过"学习政治"用语来讨论这一运作过程。我会对运行于当代终身学习讨论中的"学习政治"进行分析，依托此背景，我将揭示把学习视为自然事物的观念，会怎样产生让人们在"原地不动"的危险。因此，我在这章的后面部分转而讨论解放的主题，为的是探索是否有可能越过某种学习政治的限制来思索解放问题。借助福柯的理论，我探索了"抵抗""中断"和"越界"观念中的解放潜能，为的是强调我们需要抵抗"学习者身份"是自然的和不可避免的身份这样的观念，强调我们需要中断当前"常识"式的学习观念。

在第五章，我从教学与学习的根本问题转向了一个可能最难的教育问题，即教育是否能够对人的主体的自由有所贡献？如果能够贡献，那么如何贡献？这就是解放的主题。为了强调现代对解放概念的理解有一个共同主线，我先讨论了这个概念的哲学史和教育史，其中，解放被理解为外来的"强大干预"，为的是让某人自由。在这一章里，我不仅对解放概念的这一特定理解提出了许多问题——这些问题都揭示了在解放概念的现代"逻辑"中潜藏着的"殖民式"思维——而且我勾勒出对解放概念的一种不同理解。这种不同理解被赋予了雅克·朗西埃的著作中的思想，认为"平等"不是未来某个时间点要获得的一个最终状态，而是运行为一个需要证实的前设，也就是说这个前设需要通过我们此时此地的行动而被"证明是真的"。这种对解放的理解不再基于外来的"强大干预"(的可能性)，而是发生在主体化的事件中，且在个体抵抗现存的身份和地位并以自己的话语进行言说的时候。

持有这种解放观念所思考的问题不仅是教育问题，同时也是政治问题。所以，在第六章我将此问题与民主这一主题联系起来。在这一章中我的讨论伙伴是汉娜·阿伦特(Hannah Arendt)。阿伦特的著作对所有关注教育与民主的人提出一个真正的挑战，因为她是针对"教育与政治相关"的思想最直言不讳的批评者之一。她主张教育领域应当与其他领域"分离"，特别是从政治生活的领域中分离。在这一章中，我将揭示阿伦特对自己立场的论述是建立在教育的心理学理解的层面上。这种理解以为教育的唯一可靠的语言是发展、准备、身份认同和控制，以至于以为儿童只有经历了一种特定的发展轨迹，为其要面对民主政治做好准备，然后诸如行动、多元性、主体和自由等概念才开始重要起来。运用阿伦特自己的论点，我揭示了只有我们越过这种心理学视野下的教育观，才有可能显出教育和民主政治的紧密关系。我使用阿伦特对自由的观点，即"在多元中在一起"（being-together-in-plurality），来论证这种自由不能以教育的方式"生产"，而只能以政治的方式获得。这对民主教育的新理解提供了一个出发点，而这个出发点既不是心理学的，也不是道德的，它完完全全是教育的。

在第七章，也就是最后一章，我通过讨论精通的主题转向探究教学和教师。针对把教学当成基于科学和基于证据的专业，而且针对把教学当成和能力及技能相关的事，我发展出把教学视为"基于素质"（virtue-based）的实践这样一个观念。在对当前教师教育政策和理论的批判分析背景下，我提出的问题是教学应当被看成是艺术还是科学。借助威廉·詹姆斯的理论，我简要地指出把教育视为科学的问题之所在，然后我转向亚里士多德对制作类行动（*poiesis*，making action）和实践类行动（*praxis*，doing action）两个概念所做的区别，为的是要论述：更重要的问题并非教学是艺术还是科学，而是教学究竟是何种艺术。尽管在某种程度和在某些方面，教学确实具有生产的维度，但我论述教学观从来都不仅仅止于生产观，这特别是因为我们作为教师从不生产自己的学生；学生们本身作为主体总是已经存在的。因此教育问题从不是仅仅和如何做事有关，而是总包含然后该做什么的判断——在教育上什么是值得向往的问题——而正是这一点把教育牢固地置于实践类行动的领域中。"制作类行动"和"实践类行动"的区别帮我们认清，教师不仅需要知道有关如何做的知识（*techne*），而且最为重要的是，教师需要实践智慧（*phronesis*）以便判断该做什么。因此，教师不仅要能干，而且在教育活动方面要明智。这种智慧要理解为人的一种"素质"

（quality）。亚里士多德把这种素质称作 *arete*（*ἀρετή*）（希腊语：德性），英语可以翻译为"character"（性格）——意思是某人因为自己的行动和存在的方式，使自身所具有的特点——或者也可翻译为"virtue"（virtue 这里并非指道德德性或美德，而是指人在某种活动方面或某种存在状态方面显示出的卓越素质。——译者注）。通过探索后一个用语，我之后会建议教师需要具备教育活动方面的"卓越素质"：就什么在教育方面是值得向往的而言，教师要能够做情境性判断。

在书的后记中，我把书的几条主线都汇集在一起，以便论述我提到的"事件教学法"（pedagogy of event），这种教学法重视存在多于重视本质，重视"弱"多于重视"强"，重视实践类行动多于重视制作类行动。因此，这种教学法，愿意参与到所有名副其实的教育所固有的美丽风险中。

/1. 创造力/

起初　神创造天地。

——《圣经·创世记》

近些年，一系列和教育中创造的角色相关的出版物和报告相继问世。这项工作的主旨在于创造是一件值得在学校、学院和大学推动的好事情，特别对于那些被认为是"压制"创造性的教育形式而言，是一剂良药。可是，这些讨论的重点几乎全部放在了儿童和青年的创造力上。在这一章中，我会从不同的视角讨论创造力的问题。我关注的是教育本身是一个创造性"活动"，或者更准确地说，我关注的是教育作为创造性的活动，即将一种新的、之前从未存在过的事物带到世界的活动。我特别关注把教育看成是有助于创造人的主体性的过程——我将在下面具体解释为什么我认为以这样的语言思考教育是恰当的。

把教育理解为创造的活动，让我们直达本书的主题：我们是否只能以"强的"语言思考创造，即把创造理解为对某些事物的生产——字面意义上的某些事物的生产；还是是否可能或值得以一种不同的，即以"弱的"方式，来理解创造活动。尽管"创造力"相对而言是一个没有争议的概念，它似乎含有一种"感觉良好"的因素——让人回想起具有浪漫色彩的观念：视儿童为自然创造的生物——但是，"创造"则是一个充满争论的概念。一方面，这与有关创造的"叙事"在几乎所有文化中的核心角色有关；另一方面，这与对《创世记》中有关创造的"叙事"的主导性诠释有关。在这个诠释里，创造被描绘为一个强有力的活动，而上帝凭借这一活动使得世界从无到有。

这一特定的诠释在世俗和宗教话语中萦绕已久，直至今天。它已经导致了两大对立阵营：一个阵营是将其宗教信仰建立在强大而神圣的创造活动的观念之上，而且这种创造是"从无中创造"(*creatio ex nihilo*)；另一个阵营则否认这种创造主义，转而支持宇宙起源的科学说明。具有讽刺意味的是，两个阵营从某种意义上讲，在追寻同一件事，即找到产生所有事物的源头事件。在这一点上，上帝"从无中创造"的行动和"宇宙大爆炸"的观念在结构上是相似的，或者类似于探寻最基本的粒子(有时被称为"上帝粒子")——宇宙因其得以生成。这个思路的问题在于：因为总是试图探寻源头，他们总是问到源头的源头问题，即有关源头之前是什么的问题。只要我们以因果律的语言思考创造问题，我们或者以无穷的回溯而告终，或者以随意的停顿而终止——当亚里士多德把自己假设的"不动的原动力"(unmoved mover)作为宇宙运动的首因时，他也意识到了这些。

我在本章所问的问题是：能否以不同的方式思考创造？即不是以强势的形而上学的角度——即以因果的角度，而是以弱势的存在主义的角度——即以遭遇和事件的角度。在这章的第一部分，我循着约翰·卡普托(John D. Caputo)对《创世记》的解构性解读，揭示了对创造"行动"的主导性理解并不代表全部理解，而对于创造含义的全然不同的理解是存在的——在这种理解中，风险具有核心的角色。在本章的第二部分，我把这个问题与对人的主体性的教育性关注联系起来。此处，我转向伊曼纽尔·列维纳斯(Emmanuel Levinas)的著作和他的"主体性伦理学"(ethics of subjectivity)，为的是揭示人类主体性不应当从自然角度理解，即理解为我们本质的一部分，而是要从存在主义的角度理解，即从与"别的事和别的人"的关系的"特质"方面来理解。换句话说，主体性不是我们拥有的某种东西，而是不时在新的、开放的和不可预测的相遇情景下，可以实现的某种东西。把主体性理解为一种伦理意义上的事件，从某种意义上让我们成为两手空空的教育者。但是我将论述，恰恰是两手空空的经历，能帮助我们明白对教育角色在主体性事件中的"弱"理解可能会带来什么。

创造的美丽风险 13

在他的著作《上帝之弱》(*The Weakness of God*，Caputo，2006)中，约翰·卡普托不仅提供了一个对创造"过程"的不同理解，而且论述"创造"一词被普遍理解的方式，即万能的上帝的一个行动，实际上是一个希腊化的发明。正如卡普托所解释的那样，"上帝的行动被形而上学清理为一个纯粹的行动……，而这样的上帝混合了《圣经》诗歌和柏拉图与亚里士多德的形而上学"。(同上，p.73；p.59)在英国国王詹姆士一世钦定的《圣经》英译本中，"这个"上帝"起初"已在那里，并从那里"创造天地"(《创世记》1：1，詹姆士王译本)。如卡普托所言，这个阐述表达了"单纯、干净、精简、完美、绝妙和不受限制的力量"。(同上，p.56)但是，《创世记》首句的希腊化解读，非常不同于直接从希伯来文翻译过来的译文，而这个译本没有经过希腊形而上学的洗涤，也没有试图把上帝描绘为一个原初的原初，如亚里士多德式的"不动的原动力"。

在詹姆士王《圣经》英译本中，我们读到："起初，神创造天地。地是空虚混沌，渊面黑暗；神的灵运行在水面上。"(《创世记》1：1－2，詹姆士王译本)①。但是在另一个译本中，我们读到："当上帝开始创造时，大地无形而空虚，深渊之上为黑暗，上帝的气息吹拂于水面之上。"②这个译文和前一个译文的差异——这个微小的差异绝对关键——是在这个译文中，当上帝开始创造时，"诸多事物已经开始了"(Caputo，2006，p.57)。正如卡普托所解释的，上帝(Elohim③，埃洛希姆)"发现自己与永恒共存而无声的伙伴在一起，这些伙伴包括：荒芜的大地、没有生命的水和吹拂的风，"(同上，p.57)他于是在这里开始

----

① 《创世记》1：1－2 詹姆士王英译本原文为：In the beginning God created the heaven and the earth. And the earth was without form, and void; and darkness was upon the face of the deep. And the Spirit of God moved upon the face of the waters. (Genesis 1：1－2, King James Version)。——译者注

② 采用自 http：//en. wikipedia. org/wiki/Bereishit _ (parsha)[访问时间2011年12月29日]。参见 Caputo (2006)，p. 57.

③ 在《创世记》中，"上帝"有两个名字：埃洛希姆(Elohim)和耶和华(JHWH或Jahweh)。后者在詹姆士王译本中有时翻译为"主"(Lord)或"主耶和华"(Lord God)。

行动。上帝(埃洛希姆)在那里做什么？卡普托论述，上帝并未使得大地 (*tohu wa-bohu*)、水(*tehom*)和风(*ruach*)从无到有，但是他呼召它们进入生命。(同上，p. 58)此处"让人惊叹的"不是上帝从无到有地创造了某事物，而是"上帝把存在物带入生命"(同上，p. 58，下圆点为原著所加)。卡普托写道："那是奇迹，且上帝在他们里面吹进去的生命正是上帝所称的'善'，这比'存在'超越了一步。"(同上，p. 58)因此，上帝不是"万物发生的动力来源"，而是"善的源头及其依据"。(同上，p. 73)

但是，在《创世记》里还有第二个关于创造的叙事，也就是亚当和夏娃在伊甸园的故事。此处的主人公不是埃洛希姆，而是耶和华(YH-WH 或 Yahweh)。第一个有关创造的叙事的显著特征，正如卡普托引用米兰·昆德拉(Milan Kundera)所说的那样，是我们"关于存在问题的绝对一致"。(同上，p. 66)这个叙述中有节奏地出现的叠句是一个"原初的祝福：'上帝看到这是好的'"。(同上)卡普托解释在这个叙事中"埃洛希姆用自己的嘴中的话创造"。(同上)这意味着埃洛希姆"对于那些事物存在这一事实并不负责，但是对于那些事物被塑造并称为善的事实负责"。(同上，pp. 66－67；下圆点为原文所加)这也意味着创造"不是从无到有的活动，而是从存在到善的活动"。(同上，p. 67)。但是，当耶和华出现时①，我们得到一个不同的裁断。不再是"善"，

14

---

① 从历史上讲耶和华的故事被认为早于埃洛希姆的故事，注意到这一点很重要。因此，作者——或者编辑者，正如文献中那样称呼的——在《创世记》的这一部分中已把埃洛希姆的故事放在了前面，这一点是很重要的。"编辑者似乎认为，先是好消息，然后是坏消息。"(Caputo 2006，p. 67)

也不是"恶"，而是如卡普托所论述的"罪"。（同上）

卡普托这样描述二者的不同："如果埃洛希姆是一个平静、遥远、天国的和不干涉的创造者，耶和华则对自己所致力的事情感到紧张，并且是一位事必躬亲的微观管理者。"（同上，p. 67）对于卡普托来说，最重要的一点是：不同于埃洛希姆，耶和华看起来"对创造的风险和养育的风险没有兴趣"（同上，p. 68；下圆点为原文所加）——而这样的风险，如卡普托参照列维纳斯后所称的，是"创造的美丽风险"。（同上，p. 60）耶和华赋予亚当和夏娃的生命更多的是试探。"他给了他们生命，但基于的条件是要看他们是否滥用这个生命，以及是否力图按他的样式而生活，这样他可以随时准备撤出这个交易，并把他们去除。"（同上）这与埃洛希姆的故事不同。生命，在埃洛希姆那里，用德里达（1992a）指出的术语，是一件无条件的礼物。耶和华，正如卡普托所指出的，"看起来只拥有很短的保险丝，看起来非常怀疑自己的创造，对于一个好家长来说对自己的后代又过于紧张"。（同上，p. 69）

此处有两个评论，它们与下面有关教育的讨论相关。首先，卡普托认为，创造，"就像繁殖，是一个有风险的事情，一个人必须为噪声、分歧、抵抗以及对平静的打破等做准备——假如他/她打算参与其中的话"。（同上，p. 69）可以说埃洛希姆看起来愿意承担这样的风险，而他也知道真正的信任从来不需要条件的；信任不图"回报"；信任是无条件的（Biesta，2006a，第一章），但是耶和华依然对自己的创造不信任，看起来也不能承担风险，或者承担的风险是一个有条件的风险。卡普托写道："从一开始，耶和华就脚踏两只船。"（同上，p. 71）

第二个观察可能对我们的讨论更加重要，正如卡普托指出的那样，埃洛希姆创造了像他自己一样的成人，而耶和华想要生产"永久的儿童"（同上，p. 70）。"埃洛希姆想要的形象不是孩童而是成人，不是虚弱的而是充满活力的形象，不是拙劣的而是真实的复制。"（同上，pp. 70—71）然而，耶和华"几乎无心冒所有父母都要冒的风险，即儿女将会跨越父母所计划的而失去控制，并且很多事情将不会像父母所打算的那样"。（同上，p. 71）耶和华宁愿他的后代一直是孩子——看上去是，而不是听上去是。从一开始，耶和华就试图"减少他冒的风险，而且他不能容忍失败"。（同上，p. 71）难怪耶和华子嗣所处的环境不是"喜乐之园"，而是"充满诡计、陷阱、试探和诱惑的雷区"（同上，p. 71），而在这种环境下，他的后嗣将几乎不可避免地会失败。

弱、创造和善

卡普托论述我们不应该把这两个创造的故事看成对立的陈述，看成我们必须选择其一的两个选项。他强调把这些故事一块儿放在一个叙事中的编辑者，是在证明一个更大的论点。在第一个故事中我们发现了"埃洛希姆和创造所立下的最初盟约，即他已造的是善的"（同上，p. 71），但是在第二个故事中"通过向我们揭示事物在何种程度下出错而让判断置于试探之中"。（同上）但是，两个故事都没有把创造看成是从无到有的过渡。"这些故事告诉我们的，不是一个万能的造物主从虚无中创造，且这也让人难以置信，而是一个制造者在制造某些事物，

且他对这些事物只有那些控制，没有更多的。"(同上，p. 71)

此处隐含着上帝必须工作的对象的重要性。这些对象元素——大地、水和风——"并非是罪恶的，只是流动的；并非是邪恶的，只是笨拙的；并非是恶魔般的，而是可以决定的、灵活的和尚未设计的"。(同上，p. 72)在它们之中，有一个元素，"其本身并非上帝的精确形象，而是上帝试图在它们之中塑造一个自己的形象。在此过程中，上帝打算养育、浇灌、培植、规划某个不能再还原的他者，并会说服他以神圣的方式做事。同时，上帝打算学习怎样与这个他者所具有的不可还原性和抵抗性共处，并且抱以最大的希望"。(同上)因此，这些元素"显示了上帝力量的某种局限性，并对上帝的耐心有所要求"。(同上)"上帝，和许多家长一样，必须学会处理不可预测性和不可预见性，以及孩子们的愚蠢甚至他们的破坏性，希望它们会成熟并最终回心转意。"(同上)使这两个关于"创造"的故事不同的地方，不在于他们对创造的叙述，而在于埃洛希姆和耶和华对于创造所抱有的态度。卡普托是这样总结这两者的："埃洛希姆很棒，而耶和华是一个紧张的受害者。"(同上)

我们从这些有关创造的故事中获得的是一种盟约的宣告，"这个盟约是我们与生命订立的并要求我们签字的"。(同上，p. 74)正如卡普托所解释的："在上帝说了'是'之后，我们被要求说第二个'是'(Rosenzweig)；我们和上帝连署"是"，意味着在那个风险上签字了，意味着同意上帝的创造，同意上帝所创造的和写下的不可判定性。"(同上，p. 74)卡普托补充道，上帝"确实对创造有一个计划，但是和我们一样，上帝希望这个计划运行良好"（同上）——而这个希望最终就这么简单。在这样的语境下，卡普托参考了沃尔特·本雅明（Walter Benjamin）的观点，认为历史就是使"废墟不断叠加的一场大灾难"，而我们则在时间里被"从天堂吹来的风暴"（同上，p. 74）所驱使。卡普托认为本雅明"是对的"，因为正是在《圣经》的第二章"该隐谋杀了亚伯，历史的血腥历程开始了"。（同上）但这不是从天堂吹来的唯一的风，而是还有"一股宣告万物皆'善'的柔风"。（同上，p. 74）对创造所持有的另一种姿态"给这个世界以重要性而不是原因，给这个世界以一种意义而不是形而上学的说明"。（同上，p. 75）把这样的故事放在开篇，《创世记》的编者其实在告诉我们，"鉴于其暴力与凶猛，我们不能让灾难的风暴及历史的废墟淹没我们"。（同上）

那么，这把上帝置于何等位置？这基本上让上帝处在一个没有力量的地位。或者可以更准确地说：它使上帝不具有形而上的力量，不具备因果关系方面的力量，不具备全能的力量，不具备希腊式的力量。根据卡普托，并且我也同意，这并不是一件糟糕的事情。从形而上学的意义上把上帝理解为全能的，其实是一个危险的奇想，因为"上帝的主权轻易地延伸到人类的主权范围，并且凌驾于其他男人之上，凌驾于女人和动物之上，以及凌驾于所有生物之上"（同上，p. 79）——正因为如此，卡普托写道，全能不是一种神秘力量，而实际上是"一种神秘化和一种概念上的错误"。（同上）对于理想的、知识论的和心理学分析的幻想而言，"'从无中创造'的观念和神圣的'万能'是其基本的特征，也就是去除了所有现实施加的限制，在一个理想的空间中实施行动，

17

而这个空间里存在一种绝对完美的控制，丝毫没有来自现实世界的抵抗。"（同上，pp. 79－80）正如我在序言中写道的，这是一种幼稚的态度，而不是一个成熟态度。上帝是一种强大的力量，而创造是将"本质"（being）塑造为"存在"（existence）的行动。与这个观念相对立，卡普托于是提出把"以上帝名义唤起的事件"看作一种"弱力量"，并且帮助我们把"创造"理解为一种确认，一种对作为"美与善"的已在事物的确认。（同上，p. 84）因此，创造事件是通过确认已在事物的善而给已在事物以生命的事件。这就是创造的全部内容。我们甚至可以说，以这样的方式参与到创造事务中表达了一种信仰。但这种信仰并不是认知意义上的，不是一套见解上的信仰，如同说"我相信这个，这个和那个"，而是对生命的信仰，对生命之善的信仰以及对善本身的信仰。

顺着以上论述，卡普托帮助我们看到"选择"——如果这是一个恰当的表述的话——并非是在神创论与反神创论之间做出的，也不是在神创论和对它的否定之间做出的。"选择"要在以下两者之间做出，这就是我们所谓"'强的'形而上学的神创论"和"'弱的'存在主义意义上的神创论"。就前者而言，创造是一种不受约束的力量的活动，而后者则是一个给已在事物赋予生命的事件。因此也可以说，选择是涉及本质与存在之间的，涉及形而上学与生命之间的，涉及我们是要冒着生命的风险，并伴随由此而来的不确定性、无法预测性和挫折，还是要在生命以外、生命以下或超越生命而寻求确定性。对确定性的寻求，正如杜威所了解的，总是让我们身陷麻烦，这不仅是因为许多彼此冲突的确定性总是被提供，而且这样的寻求让我们参与到生命中的机会很少——它使我们远离我们面前的事物，而那些事物的确是重要的，并要求我们在此时此地给予关注。而这一点把我引向教育问题。

教育的主体

在序言中，我已经指出教育（至少）在三个领域发挥作用：资格化、社会化以及我曾经提到的主体化。虽然，在教育中以及通过教育而创造意味着什么这个问题，都和这三个领域相关，但是，我希望在这一章中只限于讨论主体化。也就是说，我想专注于教育过程和实践是如何促成人类主体性（subjectivity）或主体状态（subject-ness）的出现的。因此，可以说，主体化表达一种特殊的关注，即对受教者的主体性或"主体状态"所持有的关注，也就是说，这一关注的前提是，我们的教育努力所导向的对象并未被看成是客体，而是自身就是主体——发出行动和承担责任的主体。对受教者的主体性的关注可能是一个现代的关注，因为它与自由和独立有关，而这些概念从启蒙运动开始就在教育思想和实践中占据了主导地位。（Biesta，2006a）我们可以说从那个时候开始，对社会化和主体化加以区分才得以可能，并且变得重要起来。前者是通过教育使个体成为既有秩序和传统的一部分，而后者是指不完全由既有秩序和传统而决定的人的存在方式。

在使用主体性、主体化和主体状态概念时，我并非要提出一个人的主体的特定概念，或一个有关人的主体"浮现"的特定理论。对于这些问题会有不同的答案，并且，因为觉察到受教者的主体状态是一种恰当的教育关注，所以我力图对怎么理解主体状态及其在教育中的出现，抱以开放态度。换句话说，主体性和主体化概念本身，不会为主体状态及其出现阐明一种特定的概念或理论。但是，我要避免使用某些其他用语或概念，特别是"身份认同"（identity）和"个体性"（individuality）概念。在我看来，身份认同概念较多地涉及我们如何发觉已有秩序和已有传统，而较少涉及这些秩序与传统"之外"的行动方式和存在方式；个体性概念则倾向于过多地脱离别人来描述人的主体。尽管此处我刻意避免的用语是"发展"一词，但我通过使用"出现"（emergence）概念，力图对"如何"主体化抱以开放的态度。因为如果"发展"概念被置于本质领域中（见下面），那么我认为主体性的出现不应该用发展用语来理解。尽管"主体化"概念可能含有负面意义，因为它暗示某种形式的征服，但是我将论述，其实恰恰是对某种征服的"回应"，才与我提出的如何理解主体性及其"浮现"相关。

在这本书的序言中，当我表明自己的兴趣在于把教育看成是以某种方式促成创造人的主体性的过程时，听起来似乎有点荒谬。如果我们从"强的"形而上学的意义上理解"创造"，那么作为教育者的我们去创造学生这一观念根本讲不通。但是和卡普托一样，我们不仅获得了对待整个创造观念的不同方法，并且他的思想还帮助我们追问，是否只能以本质、要素和性质等用语——也就是以一种强烈且形而上的语言——来理解人的主体性，还是有可能且更让人向往的或有必要以较弱的存在主义用语来理解人的主体性。为了探究第二种选择，我返回伊曼纽尔·列维纳斯的著作——而我说"返回"是因为列维纳斯在我理解人的主体性问题方面一直是我获得启示的根源（Biesta，2006a，2010b；Winter，2011），而且在这本书的语境中，他的思想非常重要以至于不能不被提及。

主体性伦理学

伊曼纽尔·列维纳斯的著作以其独特的方式涉及人类主体性问题。(Critchly，1999；Bauman，1993)但他没有为我们提供关于人的主体的新理论或新事实，而是阐明处理人的主体性问题的一个完全不同的"路径"。在这条路径上，一个伦理范畴——责任——被挑选出来当作"主体性的要素性的、原生性的和基础性的结构"（Levinas，1985，p. 95）。如此，在列维纳斯看来，"西方传统的智慧和西方思想"以为人类是"借助意识的人类"（Levinas，1998a，p. 190），于是他对西方智慧和思想提出挑战。他挑战这样的观念，即把主体当成意义与主动性的实质中心，当成"我思故我在"的观念。这种观念首先关注其自身，然后——假如他或她决定这样做的话——才可能关注其他。列维纳斯却论证主体始终已经在一个关系中了。这个关系"比自我更原初，且先于原则"。(Levinas，1981，p. 117)这个关系既不是认知关系也不是自我的意志行为。它是一种伦理关系，一种对"他者"（the Other）的无穷的和无条件的责任关系。①

　　列维纳斯强调对他者的责任，并不是我们能够选择而承担的那种责任，因为在后一种情况下，在我们被"写入"这种关系中之前，我们首先已是一个自我或一个意识，这样才使这种关系具有可能性。而列维纳斯所强调的责任，即"主体性的要素性的、原生性的和基础性的结构"，则是一种"没被事先的承诺正当化"的责任(同上，p. 102，黑体为原文强调)。正如列维纳斯所指出的那样，是一种绝对的"激情"。这意味着主体性问题与主体的本质无关，但是与"我如何存在的权利"(Levinas，1989，p. 86)有关。正如列维纳斯所论述的，只有在"某种存在者的存在危机中"，在某种存在者的存在遭遇中断时，主体的独一性(见下文)才首次获得意义。(Levinas，1981，p. 13)这个中断构成了责任关系，这种责任是一种"问题中的存在者"的责任。(同上，p. 111)正是这种"问题中的存在者"，这种"指派(存在者)做无法逃避的回答"，"使得抽象的自我成为某个具体的自我"，从而称我为独一无二的个体。(同上，p. 106)也因此，列维纳斯把"自我"，独一无二的个体，称为"无法从一个指派中逃离"，而这种指派的目的不在于任何普遍性，而是指向我。(同上，p. 127)因此，"自我，与发觉真理并不相符，也无法从意识、话语和意向性的角度来陈述"。(同上，p. 106)自我是一个单个体，它早于对"个别与普遍的区分"，因而是不可说的和无法正当化的。

────────────

　　①　我遵循列维纳斯的翻译者中通行的惯例，使用首字母大写的"Other"来翻译"autrui"(他人/者)，以区别于使用首字母小写的"other"来翻译"autre"("别的"或泛指意义上的他性)。

（同上，p. 107）自我并不是某种存在者；自我"超越了行动和激情对自我的常规作用，在那样的作用中，某种存在者的身份得以维持，使得这个身份一直'是'（is）"。（同上，p. 114）

列维纳斯把责任视为"主体性的要素性的、原生性的和基础性的结构"，从而远离这样一种的观念：人类主体可以用"本质的"用语来理解，即一种形而上学的本质。列维纳斯承认他是以一种伦理的用语来描述主体性的，但他立刻补充道："此处的伦理对先有的存在主义的基础并没有补充。"（Levinas，1985，p. 95）因此，我想指出，列维纳斯没有给我们提供有关主体性的一个新理论，比如说，这样的理论会声称主体是一种存在，且被赋予某些道德品质和能力。列维纳斯提供给我们的是一种关于人的主体性的伦理学（Biesta，2008）。他主张我们以一种伦理语言来对待主体性"问题"，而这样的语言使我们被赋予责任，同时我们也承担自己的责任。因此，列维纳斯并非力图回答什么是主体，如主体的本质和要素是什么。他所关注的问题是主体性是怎么存在的，或更确切地说，我的"主体状态"是怎么具有可能性的，是怎么出现并展现它自身的。这绝不是一个总体意义上的关于主体的问题——所以这就是为什么在列维纳斯著作中没有主体性理论的另一个原因——而是关于我的独一无二的主体性是怎么从我的单个的、不可替代的责任中浮现的问题。

但是，独一性问题并不是通过观察我和别人不一样的特征来回答的。对列维纳斯来说，独一性并不是有关我们要素或本质的问题，这也意味着，它不是关于身份认同的问题。但我们使用"身份认同"来阐述我们的独特性时，我们聚焦在我是怎么有别于他人的，我们可以把这个称为"独一性作为差异性"。(Biesta，2010b，第4章)然而，这意味着我们利用他人，以达到阐述我们自己的独一性的目的。因此，我们可以说身份认同是基于个体和别人的一种工具关系，而不是一种伦理关系。但是，对于列维纳斯来说，问题不在于什么使得我们是独一的。他所寻找的是某些情境，在那些情境中，我的独一性至关重要，我不能被其他人替代或取代。这样的情境是某人呼召我的情境，某人向我发出恳求的情境，某人把我特别挑选出来的情境。在这样的情境中，并非我的状态是独一的，而是我的独一性至关重要——在此情境中，我是我而非别人这一点至关重要。在这些情境中，我被单个化了，"独一性作为不可替代性"浮现出来了，因此，这样的情境也是主体性事件发生的情境。因此，主体性作为不可替代性，主体性作为责任，都不是主体的不同的或其他的本质。正如列维纳斯所言："其他本质依然是本质。"(Levinas，1985，p. 100)可是，主体的独一性和主体作为独一性，是从"超越于本质"的领域中出现的，可以说，用列维纳斯的话，即在本质之外(otherwise than being)的"非地域"(a non-place)或"无地点"(null-site)(Levinas，1981，p. 8)中出现的。

因此，人的主体的独一性，恰恰要在与列维纳斯所说的人的"本体论条件"相对立的背景下来理解。这就是为什么他写道，具有人性意味着"以好像不是众多存在者中的一员的方式而活"。(Levinas，1985，p. 100)。或者正如A. 林吉斯(A. Lingis)所说的："不能把自我理解为一个本体。它已经退出'本质'了。"(Lingis，1981，p. xxxi)使我独一无二的，把我拣选出来的，令我单一化的，是这样一个事实：我的责任不可转移。列维纳斯这样总结道："所谓责任，是独有地加在我身上的义不容辞的事情，并且，从人性上来说，是我不能拒绝的。这种责任是独一性所具有的最高尊严。我之为我，唯一的标准是我是一个有责任的、无法替代的我。我能够以我自己替换任何人，但是别人不能以他自己替换我。"（Levinas，1985，p. 101）也因此，责任不是互给的。他者可能对我非常负责，但是，列维纳斯强调，这完全是他者的事情。主体间性的关系是一个非对称的关系。"我对他者负责而并不期待回报，就算将来我会为此去死。"（同上，p. 98）他者和我的关系不是对等的，我受制于他者，这样，我的主体性才是可能的。因此，我们可以说，我的主体性是在我对他人的顺从中发现的，对列维纳斯来说，这意味着，以最精简的语言表述，即"主体是受支配的"。（Critchley，1999，p. 63）

两手空空的教学法

如果我们追随列维纳斯的观点，认为独一性不是关于实体的，而是关于存在的，也不是关于本质的，而是关于"本质之外"的，那么自然会理解主体性或主体特征不再是某物的特征，而是一个事件：能够不时发生的事件，能够浮现的事件，而不是一直在那里的事物，不是我们可以拥有、占有和确保的事物。因为对列维纳斯来说，主体性不能与责任混淆。我们的责任就"在那里"，它是特定的；而另一方面，我们的主体性则涉及我们以这个责任做什么，我们如何处理这个责任，我们如何回应这个责任，或者用齐格蒙特·鲍曼(Zygmunt Bauman, 1998)的话说："我们如何对我们的责任负责。"在那些我被呼召去担负责任的情境中，在那些因为是我被呼召而不是整体意义上的"主体"被呼召，所以没有人可以替代我的情境中，那么我的独一性是至关重要的，可是，在这些情境中，我是否承担责任并且回应指派则是另一码事。对于这一点，列维纳斯坚定不移地认为我仅对我自己的责任负责。别人怎么对待他们的责任完全取决于他们。我不能使其他任何人变得负责。

上面这一点就教育而言特别重要，因为我们错误地认为，既然列维纳斯已经为我们提供了一个对主体性的新理解，那么我们就可以着手开发一个道德教育课程，以便让我们的学生成为负责的人。这会立刻把主体性的事件拽回到本质的领域，如此就会错过列维纳斯力图要说的，即主体性是一个伦理性事件，可能会发生的事情，但是从来不会保证它注定会发生。这是因为责任不是我们可以强加在别人身上的事物；责任仅仅是我们能让自己承担的事物。于是，人们会说，列维纳斯把教育者置于一个两手空空的处境，因为从他的洞见中带不来任何可以行动的项目。但是，这个两手空空未必是一件坏事，因为它恰恰把我们放在这样一个位置，就是我们意识到我们对主体性的出现的教育性关注，不能以生产的话语理解，不能以"强的"形而上学的创造语言来理解，而是需要一种不同的教育回应，以及一种不同的教育责任。

主体性的可能性、主体性事件的可能性，与我们被呼唤、被挑选的情境有关，而在这种情境中我们被指派对我们的责任负责。如果是这样的话，那么教育者要做的一件重要的事情，就是确保我们的教育安排——我们的课程、教学、课程计划，我们管理和建设我们学校的方法，我们在我们的社会中组织学校教育的方式——不让我们的学生远离这些经历，不让我们的学生避开来自他者的介入，不去促使我们的学生对自己面前的呼唤装聋作哑、视而不见。当然这样做不会确保任何事情，这样做只是不会阻挡主体性事件的发生。但是，这种主体性事件是否会发生，学生是否会意识到他们的主体状态，则完全是开放的问题。这超出了我们的掌控，也基本上不是在我们人为的范围内能成就的。教育对于主体性事件的发生保持开放，则风险也会随之而来，因为当我们让教育保持开放的时候，任何事都会发生，什么事都会降临。但是，这恰恰是这一章提出来的论点，因为只有当我们愿意冒这个风险，主体性事件才会有机会发生。

结论

在这一章中，我探讨了创造意味着什么，更清楚地说，以教育的方式促进对人类主体性或主体状态的创造，意味着什么。一个"强的"形而上学的创造概念是：将本质赋予存在。基于这个背景，受助于卡普托对《创世记》中关于创造叙事的解构性诠释，我已探索了一个"弱的"创造概念，即将本质呼唤到生命中。此处，创造不再是从无到有的动作，而是如卡普托所言，成为"从本质到善"的动作。创造因此成为了肯定的动作，这个动作给"本质"以重要性和意义，而不是给出一个由来或形而上学意义上的说明。

有关创造的两个故事，呈现给我们创造意味着什么的两种不同叙述：一个是"强的"形而上学的叙述，另一个是"弱的"存在主义的叙述。不仅如此，它们还呈现给我们关于教育意味着什么的两种不同叙述。具体说，它们呈现给我们引向和关注主体性事件的教育意味着什么的两种不同叙述。耶和华的故事呈现给我们一个这样的教育者：他想要控制、缩小甚至消灭创造活动中含有的风险。耶和华的故事还表明，这种规避风险的教育态度的最终后果会是什么。因为耶和华不愿意冒风险，这阻碍了他的后代的成长，阻碍他们靠自己成为主体，阻碍他们实现自身的独一无二的主体状态。反之，埃洛希姆展现给我们的是这样一个教育者：他明白创造活动是一个充满风险的事业，而且不得不是一个风险性事业。如果没有风险，什么都不会发生，主体性事件也将不会出现。

把卡普托和列维纳斯放在一起解读，对于教育之弱是如何重要的，以及为什么是重要的，给我们提供了首要的深刻见解，尤其是相对于教育中主体化维度而言，即从教育促进主体性事件出现的方式上来说，更是如此。很清楚，尽管教育者不能以"强的"形而上学的语言生产这种事件，但是冒风险、保持开放状态以便主体性能够出现，是一种创造性的姿态和进行创造的姿态。就算这是一个"弱的"存在主义式的姿态，但在这个意义上，本质被赋予了生命——而这个生命是一个与他者分担回应与责任的生命。

/ 2. 交流 /

在所有事物中，交流是最为美妙的。

——约翰·杜威

在上一章中，我已经探讨过创造的两种意义的区别：一种是"强的"形而上学的路径，另一种是"弱的"存在主义路径。在第一种理解涉及的世界中，强力是重要的，而且事物被施加以强力；第二种理解涉及的是意义、重要性、道德和伦理。如果第一种理解是有关本质的，那么第二种理解则是有关生命的；如果第一种理解是有关要素的，那么第二种理解是有关存在的。基于此背景，我已经展示把主体性理解为一个事件——一个伦理性事件。这么做是想呈现我们可以怎样理解如下问题：对主体性和主体状态有在教育方面的兴趣意味着什么，并且，真正思考教育过程怎样有助于创造这种主体性又意味着什么。这一教育过程，正如我所呈现在读者面前的，不是按照"强的"形而上学的方式而运行的过程，而是只能以"弱的"语言来理解。所以，这一过程只能理解为一个彻底开放的过程，也因此，它总是包含风险，也就是说它计划取得的，也许不能取得。然而，为了让主体性的事件能发生，这个风险是必要的，因为我们一旦试图生产主体性，一旦我们试图控制主体性的出现，那么主体性根本就不会出现了。

在这一章中，我通过探讨交流这个主题，继续探讨教育的弱势特征。交流是一个重要的教育主题，这可以从一个事实中瞥见，那就是，如果不是全部教育，那么大多数教育，都是通过交流而运行的，不管是口头交流，还是书面交流，又或是非语言交流。通行的观念是把交流看作从一个人到另一个人的信息传送，或者更抽象地说，是从一个方位到另一个方位的信息传送。这个观念已经强烈影响了教育是什么的诸多观点。它不仅导致一种广泛持有的教育观念，将教育视为传送的过程，而且造成一种观念，就是认为成功的交流——因而也是成功的教育——是一种把信息从一个方位传送到另一个方位、未生变化、未致失真的情境。尽管这一成功交流的定义适用于电视信号从演播室到起居室的传送，我会论述这一说法在涉及人类之间的交流时是不充分的。因为这不是从一个意识到另一个意识之间的信息传送，而是更应理解为一个意义和解释的过程。所以，这是一个极其开放和不确定的过程，故而也是"弱的"和有风险的。

我在本章的讨论伙伴是约翰·杜威和雅克·德里达。杜威著作的相关性在于，他不仅揭示了以传送暗喻对人类交流进行描述的局限性，而且他发展了另一种理论来描述交流，把交流呈现为一种实践的、开放的、促生性的和创造性的过程。尽管杜威的思想因此对挑战简单的教育性交流观念是重要的，但是为了给交流的开放性阐明一个更彻底和更一致的论述，我转向了德里达。他的论述，不仅在理论层面而且在理论化层面上认真对待交流的开放性和促生性特征，这样，我们就不至于犯这样的错误，即我们可以在交流活动自身的范围之外讨论交流是什么。我把从这个讨论中浮现出来的路径称为解构性实用主义，并且提示，解构性实用主义作为对交流的一种极其"弱的"理解怎么会具有教育的相关性。

实用主义作为一种交流哲学

杜威的交流哲学在其著作《经验与自然》(*Experience and Nature*)(Dewey，1958[1929])中有鲜明的讨论，特别是在第五章中，其标题为《自然、交流和意义》。当杜威在这一章的开头声明"在所有事物中，交流是最为美妙的"(Dewey，1958[1929]，p. 166)时，并不是因为他已经找到一个进行哲学化的新题目，而是他已经得到一个结论。这个结论就是心智、意识、思维、主体性、意义、智慧、语言、理性、逻辑、推论和真理只有通过交流才存在，并且是交流的结果，可是数个世纪以来，哲学家们认为这些事物是人类自然属性的构成部分。杜威写道："当交流发生时，所有自然事件都受到再审思和再修正的影响；它们都重新加以调整，从而符合对话中的要求，不管它是公共话语，还是被称为思维的初始话语。"(同上)

《经验与自然》的第五章包含不少段落，以实例证明了杜威哲学中的"交流学的转向"。杜威以这句话介绍自己的立场："社会互动和社会制度，已经被视为一个自足个体在身体和心智方面已预备好的、特有的天资所造成的结果。"（同上 p. 169；下圆点为原作者所加）然而，杜威从等式的另一端开始论证："内在经验的世界取决于语言的扩展，而后者是一个社会产品和社会操作。"（同上，p. 173）这意味着"心理事件把语言作为它们的一个条件"。（同上，p. 169）在杜威看来，语言本身是"人类联结的自然功能"，并且其结果"反作用在其他有关物质的和人类的事件上，赋予它们以意义和重要性"。（同上，p. 173）所以杜威论述，没有看到这一点的话就已经导致"现代思想中主观主义、唯我论和自我中心的特性"。（同上）但是，对杜威而言，"自言自语是个体与别人对话而生成的产品和反映；可社会交流不是自言自语产生的结果"，最终这意味着"交流是意识的一个条件"。（同上，p. 170）"如果我们从未与别人交谈过，别人也从未与我交谈过，那么我们应该是从来没有对着自己或和自己交谈过。"（同上）沿着类似的思路，杜威论述道："逻辑和理性本质的输入是社会交往产生的结果"（同上，p. 171），正如智慧和意义应当被看成是"人类之中的互动有时呈现出的古怪形式而导致的自然结果"。（同上，p. 189）

杜威深刻意识到，把交流放在自己哲学的中心和开端，意味着他必须以不同的方式对待"交流"本身。他不能再依赖通行的观念，把交流"当作对观察和思想的一种机械的牵线搭桥，而那些观察和思想有着先前的和独立的存在"。（同上，p. 169）这个通行的观念在我们这个时代已然流行，比如，把教育当作传送过程的观念。因此，杜威在《经验与自然》中呈现的交流理论不再把交流视为从一个心智到另一个心智的信息传送，而是完全从实践的语言来理解交流。正如他所写道的，交流可以被视为"一个活动当中合作的确立，而在这个活动中会有同伴，且每个人的活动会因同伴而修改和调整"。(同上，p. 179)在这个背景下，杜威把交流界定为一个过程，在这个过程中，"事物在至少两个不同的行为之间真正地达成一致"。(同上，p. 178)对杜威来说，交流是甲方和乙方围绕某事协调各自行动的过程，在这一过程中，"乙方对甲方动作和声音的理解，表现为他从甲方的立足点回应事物"，就是说，以"可能会在甲方经验中起作用的方式，而不只是以(乙方)自我中心的方式"来理解事物。(同上，p. 178)在这种情境中，乙方回应的是甲方动作和声音所具有的意义，而不是甲方动作和声音本身。与此相似，"甲方不仅从事物对自己的直接关系方面来考虑事物，而且从乙方能够掌握和处理该事物的方式上来看待事物。甲方从事物可能会在乙方的经验中起作用的方式来看待事物"。(同上)

交流作为一个有意义的过程，或更确切地说，一个意义引导和意义产生的过程，使杜威得到的结论是：意义本身"基本上是行为的一个属性"，但是这种行为"是一个独特的行为；它具有合作性，因为一个人对另一个人行动的反应，同时也包含对进入别人行为本身做出反应，而这一过程是双向的"。(同上，p. 179)所以杜威论述，正是这个过程导致"生物体的姿势与喊叫转化为有意义的事物"，或者，如他在别处提到的，进入带有意义的事件中。

教育作为交流

交流在杜威总体的哲学观中扮演着一个关键角色，这就是我为何把他的哲学赋予交流哲学的特征，或者因为他完全从实践活动的角度来理解交流，也可称为交流行动哲学（philosophy of communicative action）。（Biesta，1994）交流在杜威的教育观中也是一个核心概念，而我在别处已经详细论述过这点（Biesta，2006b），甚至有理由支持之所以杜威发展他的交流哲学，首先是为了处理教育问题，尤其是当教育大致理解为教师与学生之间的互动时，教育是怎么可能的这一问题。

对这个问题，杜威既不是从教学理论的角度切入的，也不是从学习理论的角度切入的，其原因可从杜威早期发表的关于教育的论文中找到答案。在这些发表的文章中，杜威把教育问题——或者如他所说，教育的难题——表达为他所说的个体和社会因素之间的协调。在《大学附属小学之组织计划》（*Plan of Organization of the University Primary School*）中，他写道："所有教育的终极问题是协调好心理因素和社会因素。"（Dewey，1895，p. 224）几年之后，在《我的教育信条》（*My Pedagogic Creed*）（Dewey，1897）中，他沿着相似的思路论述："（教育过程中的）心理方面和社会方面是有机地联系着的"，所以"教育不能被视为二者之间的一种妥协，或者一方凌驾于另一方之上"。（Dewey，1897，p. 85）杜威关于教育作为交流的理论，首先出现在他1916年的著作《民主主义与教育》（*Democracy and Education*）（Dewey，1916）中。

(Biesta，2006b)该理论可以被视作对这个问题的直接回答，即"儿童"和"课程"之间的相互作用可以怎么发生。

在《民主主义与教育》的前三章中，杜威集中讨论了意义如何交流的问题。尽管他写道："教育主要通过交流由传输构成"（Dewey，1916，p. 12），但他立刻补充说这不是一个"直接传播"或"文字灌输"。（同上，p. 14）交流应当理解为"分享经验的过程，直到它成为一个共同拥有的事物"。（同上，p. 12）这对杜威而言，意味着核心的教育"机制"是参与，或更精确地说，是"确保参与到一个共同理解中的交流"。（同上，p. 7）后一点对杜威而言至关重要。参与既不是身体的靠近，也不是所有人都朝一个共同目的而工作的情境。（同上，pp. 7－8）只有当所有人"都认识到共同目的，并且都对它感兴趣"才会有真正的参与，而且只有这种参与，才会"改变参与其中的双方的性情"。（同上，p. 12，下圆点为本书作者所加）对杜威而言，这意味着教育的发生并不只是来自于为了继续存在于一个社会环境中。教育的发生还来自于为了拥有一个社会环境。而要拥有一个社会环境，意味着要身处一个情境中，在这个情境中，一个人的活动"与别人的活动相联合"。（同上，p. 15）正如杜威所解释的："一个与其他人联系在一起的人，如果不把别人的活动考虑进来，就无法执行他/她自己的活动。这是因为别人的活动是这个人实现自己倾向性而不能缺少的条件。"（同上，p. 16）

正是沿着这个思路，杜威提出了教育和训练之间的区别。训练所指涉的是这样一种情境，即学习者并不分享他们对行动的使用。在一个分享的活动中他们并不是伙伴关系。反之，教育所指涉的情境是，在一个共同的活动中，一个人真正地分享并参与其中，并且和其他人一样对活动的成果具有真正的兴趣。在这些情境中，由于参与的缘故，一个人的思想和感情发生了变化。在这些情境中，"一个人并不仅仅以认同另一个人的行动的方式而实施他的行动，在这样做的同时，那些激发其他人活力的思想和感情也同样发生在这个人身上"。（同上，p. 17）所以，这种情形并不是意义在两个人之间的传送。正是因为人们分享一个共同活动，他们的思想和感情，才得以从他们共同参与的活动结果中产生，从活动运行的过程中产生。对杜威而言，这就是事物真正取得一致的方法。"就共同目标而言，'互相理解'意味着情感或反应的对象，包括声音，在双方看来具有同样的价值。"（同上，p. 19）

在杜威关于交流的论述中，一个关键点是他没有把共同理解看成是合作的一个条件。并不是说我们首先需要达成一个共同理解，然后才在我们的行动中开始合作。对杜威而言，情形恰恰相反：共同理解是由行动中成功的合作而产生的，是合作的结果。因此杜威写道："语言由互相明白的声音而构成，这一事实足以说明它的意义有赖于联结，即和一个大家都分享过的经历联结起来。"（同上，p. 18）在这个意义上，杜威论述道，"帽子"作为物体和"帽—子"作为声音，在各自获取意义的方式上并没有差别。作为物体的"帽子"和作为声音的"帽—子"两者都"以既有的方式被使用，两者获得了相同的意义。对于成人是如此，对于儿童也是如此，因为在他们共同参与的经历中，他们都使用过作为物体的"帽子"和作为声音的"帽—子"。（同上，p. 19）总之，"物体和发音初次在一个儿童和成人联合的活动中被使用，作为双方建立积极连接的手段。这一事实保障了参与者具有相同的使用方式。因为双方都以同伴的方式参与在一个行动中，而在这个行动中一方所做的依赖于且影响另一方所做的，如此双方产生了相似的观念或意义"。（同上，下圆点为原作者所加）

意义的一个社会理论

在《民主主义与教育》中，交流理论在杜威关于意义可以如何沟通的论述中非常显著。不仅如此，这个理论还为一个社会性或交流性的意义理论贡献了一个理论框架。尽管"参与到联合活动中"在杜威关于交流的论述里占据中心地位，但是他强调，事物在其中扮演的角色也很重要。这些事物，既指物体，因为行动围绕它们得以协调，也指声音和姿势，因为它们被用来协调行动。杜威注意到，人们经常论述认为："事物通过感官的大门而印在人的心智中，而人通过获得那些事物的特征而学习。在获得相当贮藏量的感官印象之后，联系能力或一些心智综合能力会把它们组合成观念，也就是具有意义的事物。"（同上，p. 34）但是，石头、橘子、树木和椅子的意义，并不能从它们自身中找到。事实上，"正是事物独特的用处，才提供了事物自身独具的意义"。（同上，p. 34）一个人对于事物具有和别人一样具有的观念，正是"对事物和行动附上同样的意义，如同别人所附上的一样"（同上，p. 35）——这恰恰是通过交流和联合行动而产生的。

杜威关于意义的社会性起源的思想，也蕴含反思具有社会性起源。

31

因为只有当人们能够在事物本身和事物所具有的可能意义之间做有意识的区别时，反思才是可能的。杜威写道："因身体刺激而做的调整不同于心智行为，后者包含对事物的意义做出反应，而前者不是这样的。"这是给一个人的行为赋予"一个心智特征"。（Dewey，1916，p. 34）只有当人们知道某事物附带的观念时，人们才能够"参照该事物在行动综合框架中的地位而给予回应"。（同上，p. 35）如此，"该事物施加在我们身上的活动所产生的趋势和可能后果，以及我们的行动对该事物产生的趋势和可能后果，都有可能被预见到"，（同上）这样，从行动向明智行动的过渡也得以可能——而这在杜威的教育思想中是一个关键的过渡。

教育、交流和参与

杜威有关意义的交流理论，对教育的重要性首先在于对一个观念的摈弃。这个观念就是儿童通过"从外面"仔细观察，可以发现世界的意义，以及世界内部的物体和事件。对杜威而言，归根结底，世界的意义不是从事物和事件本身上找到的，而是从社会实践活动中找到的；在社会实践活动中，事物、姿势、声音和事件都发挥着各自的角色。因此，我们可以说，因为意义仅存在于社会实践中，所以在某种意义上，它存在于通过互动而构成的实践活动的各要素之间。这样，交流就不是从甲方到乙方的信息传送，而是各方的参与。

如果意义存在于社会实践中的情况的确如此，那么可以推断，意义只能在社会实践中，并通过社会实践来呈现。对于教育而言，除了其他方面以外，这意味着我们应该从表征校内实践活动的角度切入课程问题，而不是从表征这些实践活动的正式概念的角度切入课程问题。这意味着，比如，教数学应该把使用数学的实践活动带入学校里，并考虑让学生参与其中；又如，教历史要让学生参与到解释某事为历史发展结果的活动中来。

交流的参与理论在教育上的应用是切实的，因为它揭示了可以如何组织教育。不仅如此，学生通过他们所参与的实践活动而学习，这样的观念有助于理解为什么隐性课程非常有效能——而且通常比正式课程有效得多。隐性课程毕竟存在于儿童和学生在校时所参与的活动中，而正式课程是实在的"学校生活"上的人为附加物。所以，这可以解释在学校和其他教育机构的时间内，儿童和学生高效地学到的一个东西，恰恰是学校教育本身的实践，比如，怎么做一个"得体"的学生，以及怎么"遵守"学校教育的"规则"。

杜威理论的独特之处，首先在于一个简单的事实，即从交流的过程切入教育。和通常理解的教育观念不同，杜威没有专门聚焦在教学的问题上。换句话说，他没有把教育看成是针对儿童或学生所做的事情。他揭示的是一个取而代之的途径，即把教育看成是教育者和学生一起做的事情。但是杜威也没有停留在另一个极端，即停留在一种没有教师的学习理论上。尽管杜威承认教育过程里学生活动的关键角色，但是，把教育过程部署为交流的过程——对一个联合活动的参与过程——才是杜威教育理论的中心思想。因此，杜威的教育哲学既不是以儿童为中心，也不是以课程为中心，而是一个彻底以交流为中心的路径。

这个路径的核心概念是参与。杜威有关"参与"的观点，旨在清楚揭示参与到社会活动中促使人们如何学习，意识到这点是重要的。不仅如此，杜威的观点还是更为准确的一个观点，因为他提出"参与"具有产生某种学习的潜能。这种学习使得参加某个活动的所有的人的观念、情感和理解都发生转化，一个共同和共享的观点得以出现。但是对于杜威而言，参与不是人们身体的靠近，或大家仅仅为一个共同目的而工作的情境。对杜威而言，只有所有参与者都知道一个活动的共同目的，并且都对此有真正的兴趣，才会有（真正的）参与。这意味着不是参与本身重要，而是参与的质量重要。换言之，在实践中存在教育性参与和非教育性参与两种，即一种参与只有一方（通过适应另一方）而有所学习，另一种参与则会转化所有参与者的观点，并且浮现出一个共享的前景。①

参与的质量是关键这一思想反映在杜威的民主观中。在《民主主义与教育》中，杜威论述一个社会团体内有众多不同的关注，而且这个社会团体与别的社会团体有充分和自由的交互影响，这要好于一个社会团体和其他社会团体隔离，而且只靠少量关注而联结在一起。在前面那种社会团体内，存在大量机会使个体学习和生长，而在后面那种团

33

---

① 在我看来，杜威关于通过参与而学习的观念，与莱夫（J. Lave）及温格（E. Wenger）在他们 1991 年的书《情境性学习》（*Situated Learning*）中提出的通过参与的学习理论的不同之处，恰在于此。

体中，这样的机会很有限且遭到限制。杜威认为，后一种社会提供的教育是"褊狭和扭曲的"。(Dewey，1916，p. 89)但是，分享许多关注并且"与其他形式的社团有自由而充分的交互作用"(同上)的团体和社会，能确保"能力的解放"。(同上，p. 93)"共享的关注领域得以扩展"，并且"让个人能力更丰富的多样性获得解放"恰恰是"以民主方式构成的社会"的特征。(同上)

共享的世界

　　杜威认为共同理解不是人类合作的先决条件而是人类活动的结果。从这一深刻见解中可得出对这些思想的至关重要的实际应用。如我在前面所论述的，并不是说我们首先需要达成一个共同理解，然后再开始协调我们的活动。在杜威看来，行动是首要的，理解上的变化是随之发生的。但这些思想应当和杜威关于参与的观点结合起来解读。尽管可以声称所有的参与会导致观念的变化，但是区分两种联合行动的形式是重要的。一种联合行动的形式是人们向着一个共同的目的而工作，可是其中并没有他们各自的相关利益，换句话说，这群人行动的目的是另外一群人定下的。第二种联合行动的形式是参与活动的所有人都对活动有各自的关注，并且能够为活动方向的决议有所贡献。杜威声称，只有第二种形式的联合行动会产生共享的观点和理解，并最终创造一个共享的和共同的世界(但不必是同一的世界)。

　　这一思路首先对我们理解学校在社会中的角色是重要的。尽管许

34

多人论述学校的主要功能是创造一种共同的看法，以便让未来的联合行动得以可能，但是杜威反而揭示学校应该聚焦于创造参与的机会，以便共同的看法得以浮现。然而并非任何形式的参与都具有这一功能。一个共同的观点的创造，不会从简单聚在一起的或虚假参与的形式中产生，这种过程中的活动都是别人安排和控制的。一个共同的观点，只能从对活动的参与中产生，且所有参与者对活动都有自己的关注。所以，这不只是主张综合学校教育的一个论证——尽管也确实是一个主张此观点的论证。可是，这首先是一个主张学校内部民主化的论证，即主张这样一种教育：参与其中的人，老师也好，学生也好，都在其中有真正的兴趣和真正的利益。取得这样的教育可能是艰难的——甚至有人论述民主和学校教育从定义上看是不能兼容的——然而，杜威至少帮助我们看到民主式学校教育所隐含的挑战。

杜威关于参与和学习的关系的思想，其重要性不只是局限在教育机构之内。这些思想中也有些重要的东西，会有助于解决当代生活中一个最令人烦恼的问题。这个问题就是在一个多元和有差异的世界里，在一个因阶级、种族、性别、宗教和世界观而划分的世界里，人们怎么在一起生活。因此，我们可以说，杜威是接触假说（contact-hypothe-sis,）的坚定信仰者；这个假说是：唯一克服差异的办法——或者更准确地说，在差异之间带来交流的办法——是让人们在一起。但是，杜威帮助我们看到，并不是所有形式的接触都会有这个功能，而重点在于接触的质量。所以，关键词再一次地落在参与上，即一种联合行动的形式，而所有参与者都在其中有自己的关注。尽管全球性媒体和互联网的世界告诉我们，相比过去而言，目前存在更多的交流——或者存在更多的交流机会，杜威帮助我们看到这种交流并非自然而然就是参与，这帮助我们理解为什么协调差异的交流，看起来反而问题更多了，而不是变少了。毕竟，创造共享世界要求参与者都有一个兴趣或利益在其中，但缺乏的恰恰是这个，比如，在所谓第一世界和第三世界之间的互动，或者在不同阶级之间的互动、不同文化之间的互动，以及在不同宗教之间的互动都是如此。虽然杜威并没有提供一个简单的解决办法，但是他的"交流作为参与"的思想确实为我们提供了一些重要的东西，不管是作为一个分析框架，还是作为一个行动议程，都是如此。

同样重要的是，就我在本书中追寻的观点而言，杜威给我们提供了一个有关"交流"的弱理解，即交流作为一个过程不仅极其开放和无法确定，同时也是促生性的和创造性的。对于杜威而言，交流是一个建构意义和共享意义的过程，而不是信息"安全地"从一个地方到另一个地方的机械传送。对杜威而言，交流因主体间的相遇而出现，而非客体之间的交换——因此，随之而来的是在这种相遇中起成败作用的风险和不确定性。

一种在场形而上学

尽管杜威的交流哲学让人印象深刻和值得关注，但是产生这些思想的哲学框架本身并不是没有问题的——所以我想论述，至少它不是没有哲学上的问题。其中一个关键问题是这些哲学上的问题是否转为实践中的问题。实用主义哲学家可能会论述，最终，唯一真正重要的事情是杜威交流哲学带来的后果，而不是它的基础。但是，我希望论述杜威哲学的基础，从某种意义上给其后果"带来麻烦"，而正是因为这个原因，需要对这些基础做一个批判性的审视。那么，问题出在哪里？

切入这个议题的一个方法可以追溯到杜威哲学的理想。正如我所呈现的，杜威哲学可以理解为通过为哲学提供一个新起点的努力而克服(现代)意识哲学，而这个新起点就是"交流"。它隐藏在杜威的一个声明背后，即交流是意识的一个条件，而不是意识是交流的一个条件。尽管这个"格式塔转换"有其激进的用途，但重要的是看到在"格式塔转换"中的关键点是以一个哲学起点——交流，替换另一个哲学起点——意识。一些评论者已经观察到在两个起点之间有一个重要的质的差别。关于这一点，我倾向于同意加里森(J. Garrison, 1999)的立场，即从意识到交流的转移包含从"本质的形而上学"到"存在的形而上学"的转移，前者是关于原初的和终极的"物"的形而上学，后者是关于过程与存在的形而上学。(Sleeper, 1986)虽然这的确标志着与传统的和本质主义形而上学的脱离，但我认为——不同于加里森 (1999, p. 358)——从本质到存在的转移并不意味着与"在场形而上学"(metaphysics of *presence*)脱离。

恰在此处，在杜威对形而上学的评论和雅克·德里达对形而上学的评论之间，存在一个重要的区分。杜威评论的目标是某一类型的形而上学，即本质主义形而上学。德里达评论的目标不是某一类的形而上学，而是对形而上学的"姿态"本身的质疑——对形而上学的可能性的质疑。这个质疑中的核心概念是"在场形而上学"的观念。德里达这里评论的内容是关于把西方哲学史理解为不间断地努力定位一个基础、一个固定中心和一个阿基米德点，作为一个绝对的开端，且所有源于此开端的事物都可被掌握和控制。(Derrida，1978，p. 279)他声称，自柏拉图以来，这个源头已经用在场来界定了，也就是说，它充当一个自给自足的源头，并且充分地呈现其自身；这个源头就那样"存在"着。因此，对于德里达来说，"至高存在的决定是在场"，它正是形而上学史的母体，而这个历史与西方的一般历史是同时发生的（同上，p. 279）。他写道："可以显示，所有与基础、原理或中心相联系的名称总是指向一个不变的在场。"（同上）此处，我们不应该只是把这些明显的基础理解为"上帝"或"自然"。对于德里达来说，任何把某事物呈现为原初、基础和自足的努力——对于德里达来说包括"意识"和"交流"——都是他所指的"在场的形而上学"（同上，p. 281）。德里达同时强调，"在场的形而上学"包括确定"存在作为在场"的意义。不只如此，它还包含一个层级式价值论，其中的源头被指为纯粹、简单、正常、标准、自足和自我同一，而这意味着由此源头而来的事物只能从派生、合并、退化和意外事件等语言来理解。

为什么"在场形而上学"是个问题呢？这并不容易回答。从某种意义上说，德里达的全部作品正是为回答这个问题所做的一系列努力，并且——此处"并且"很重要——力图反思怎么以及从哪里入手来回答这个问题。(Biesta, 2001; 2003)处理这个问题的一个路径集中在一个观察上，就是"在场"总是要求不在场的事物(即缺席的事物)的"帮助"。德里达在此处的观点是："通过'在场的'事物与该事物之外的事物两者之间的关系，这个'在场的事物'才得以构成。"(Derrida, 1982, p. 13)比如"善"的概念，只有因为它不同于"恶"，它才具有意义。有人可能会辩论，说"善"是最原初的，而"恶"是次级的，故而"恶"要理解为退步与堕落，即善的不在场。可是，一旦我们不求助于恶的概念而力图去界定"善"，那么，我们就会明白，正因为在场的"善"与"非善"(即恶)之间的关系，才使"在场的善"得以可能。(Lucy, 2004, p. 102)这表明恶对善的"玷污"是一个必要的玷污。更概括地说，为保持纯洁的和没有玷污的原初"在场"的神话，"相异"被排除掉了，而正是这个相异，实际是这个"在场"本身的构成部分。我们可以说，使"善"得以可能的事物(如恶)，恰恰又使"善"损坏，并使"善"不可能。正是这个奇怪的"逻辑"，德里达称其为"解构"。

明白解构是什么和不是什么很重要。简单说，解构不是揭示形而上学之不可能性的活动。它也不是德里达从事的事情或者其他哲学家能够做的事情(从一个技术哲学的视角看，现在许多人在表述"分析"之类的事物时也用解构一词，所以是有点不幸的)。德里达解释道：

> "解构"，我偏向于用其复数形式，是可能给出的名字中的一个，用来指会发生的事物(what occurs [*ce qui arrive*])，或不能成功发生的事(cannot manage to occur [*ce qui n'arrive pas à arri-*

ver]），也就是说是某种"混乱"，实际上还常规性地重申自己——并且是在任何有事而不是没事的地方。（Derrida & Ewald，2001，p. 67）

因此，解构"不是一个方法并且不能转化为一个方法"（Derrida，1991，p. 273），这意味着所有的解构都是"自动解构"。（Derrida，1997，p. 9）但是，一个人所能做的，而且德里达在其著作中已经做过多次的，是表明或揭示或正如 G. 本宁顿（G. Benningtong，2000，p. 11）所言，是见证解构，或更准确地说，是见证解构中的形而上学。"见证解构中的形而上学"揭示了在场形而上学的不可能性，因而也就揭示了所有形而上学的可能性——因为在场总是需要不在场，正如同一性总是预设他性一样——但是，见证行动并非解构一词所要指向的意义。换句话说，解构不是人们做的事情；解构是会发生的事情（或如德里达想要表达的，是不能成功发生的事情）。因此，见证解构中的形而上学，如德里达所言，是涉及挑战"存在"（is）的权威的。（Derrida，转引自 Lucy，2004，p. 12）

见证解构

为什么见证解构中的形而上学可能是重要的呢？最为直接的回答是：一些事物被在场形而上学所掩盖，但有必要使那些事物的在场变得可能；为了恰当处理这样的事物，我们应当有所见证。这是妥善处理被"在场的"所排除在外的事物。这是妥善处理在场的"他者"。这已表明解构的重点不是否定的或破坏性的，而首先是肯定性的。(Derrida, 1997，p. 5)它是对被排除在外的和被遗忘的事物的肯定；一种对他者的肯定。另一种解释其意义的方式是，解构希望"打开"在场的形而上学——或就此而言，打开任何系统。这种打开，是为了揭示从系统自身的视角看无法想到而偏偏又是使系统得以可能的事物。这表明解构的重点不仅是肯定被系统排除在外的东西。见证解构中的形而上学的关键之处是对完全他者的肯定，是对从"在场"立足点看而无法看到的东西的肯定。正如德里达所言，它是对总会到来的他者的肯定，并将这视为一个事件，"即超越算计、规则、项目和期盼的事件"。(Derrida, 1992b，p. 27)在这个意义上，解构不单单是对别人或别的事物的肯定，而且是对别人或别的事物的相异性(otherness)的肯定。正如卡普托所总结的，解构是对他者的无法预见的来临的开启和开放。(Caputo, 1997，p. 42)。这就是德里达有时候所指的"不可能的"——它不是"不可能的事物"，而是"不能预见为一个可能性"的事物。

有一点很重要，这就是以上所说并不意味着于对形而上学的克服、废除或毁灭。尽管德里达想要质疑西方哲学形而上学的"姿态"，他声称他的路径不同于尼采对形而上学的"拆毁"，或海德格尔对形而上学的"破坏"(*Destruktion* or *Abbau*)。(Derrida, 1991，pp. 270－271) 尼采、海德格尔，以及其他所有西方思想中的"破坏性话语"都希望与形而上学彻底决裂。然而，德里达相信，这样的决裂不具有真正的可能性，因为如果我们抛弃了形而上学，我们将没有立足点，并且也失去

了我们工作需要的工具。他解释道:

> 不用形而上学概念工作,从而以此动摇形而上学,这是没有
> 意义的。我们……不能宣称哪怕是一个破坏性的主张。这样的主
> 张试图对某种形式、逻辑和内含的假设提出异议,可它本身已经
> 在不知不觉中具有了这些形式、逻辑和假设。(Derrida,1978,
> p. 280)

尽管德里达想要"动摇"形而上学,但是他承认不能从中立的和形而上学"之外"的纯净立场来开展这项工作。他承认我们不能走出传统,因为那样会让我们没有任何工具,甚至没有语言来考察、批判和"动摇"形而上学——那样甚至让我们没有立足之地。不仅如此,简单说,德里达想要通过揭示形而上学本身已经"动摇"来撼动形而上学。换句话说,通过揭示一种努力的不可能性来撼动形而上学,这个努力就是让一种自足的和自我认同的在场呈现,从而试图固定本质或让本质静止化。也就是说,通过见证解构中的形而上学来撼动形而上学。但是,见证的行动只能从内部开展——或者至少不是从中立的、系统之外的未被污染的立场开展。就这一方面来说,德里达鲜明地反对哲学家作为外部旁观者这一传统的哲学"立场"。这个立场俯视世界而不参与其中。对德里达而言,一个关键的问题恰恰是这样一个问题:"从什么立场或不从什么立场哲学本身(能够)以其自身以外的他者呈现在自己面前,从而它能够以一个原初的姿态审问和反思自身。"(Derrida,1984,p. 108)

实用主义中的解构；解构中的实用主义

以上这些思考怎样影响杜威的"交流作为参与"的哲学？在哲学层面上，以上思考帮我们揭示：杜威哲学从意识到交流的转变，完全不是脱离在场形而上学。声称"交流"是"意识"的一个条件(Dewey，1958 [1929]，p. 187)，并把此观念当作一个依据，以重新思考心智、思维、意义、智慧、语言、理性、逻辑、推断和真理，而这些内容都是数个世纪以来哲学家们所思考的人类的自然构成部分。这的确是一个明显的形而上学的位移，因为它力图找到所有事物的最初原则和源头。杜威的形而上学不是一个本质形而上学，而是一个存在形而上学，因为杜威的哲学思考始于过程——交流——而不是始于一个"事物"或物质，然而它的确是一个形而上学；杜威的这一形而上学把交流假定为一个最原初的现象，假定为所有其他事物发源的"在场"。

这应该是个问题吗？杜威的最为实用主义派的读者可能会说，只要"交流"比"意识"能够产生更有趣的结局，那么我们就应该追求前者。如果"交流"——他们可能甚至会将其说成是一个交流形而上学——给我们提供了解决教育、民主和社会关键问题的更好工具，那么我们就应该使用它，直到更有用的工具出现。把交流看成是一个自足的源头，从德里达的提议来看，是一个哲学困境。这些读者可能会觉察到，这一点是一个有趣的理论观察，但它可能还算不上是让他们想要关注的真正问题。但是如果德里达的观点是对的，即关于任何形而上学的努力有赖于对某事物的排斥，从而使自足的在场得以可能，那么的确是需要审视杜威的交流哲学是否"产生"某些"排斥"，但这样做，特别是因为这个哲学的明显意图是"全纳"而不是"排斥"。

我相信杜威的交流哲学可能不仅会造成排斥，而且可能和其自身的意图相矛盾，而我的根据和这样一个事实相关，即这一派哲学是基于西方的、自然主义的和世俗的世界观的。这个世界观认为人类是漫长的演进轨迹的结果，并且我们之所以成为我们是因为交流"介入"这一轨迹中而造成的。对一些人来说，这是一套可接受的前提——这样，使用杜威的交流哲学来丰富教育实践和民主实践可能是没问题的。尽管如此，它不是一套普世共享和处处被接受的前提。马上随之而来的问题是，这派哲学是否是真正有助于连接在差异之间的交流，还是它只有助于那些共享相似世界观且存在于该世界中的人的交流。换句话说，一些人并不相信这派哲学所基于的世界观以及令这派哲学自身丰富的世界观，那么在我们和这些人交流时，我们怎么来使用杜威的哲学？（Festenstein，1997）

只要我们以传统的、哲学的——或形而上学的——方式，即从外面描述"人类状况"的方式，来探讨杜威的交流哲学，那么这依然会是一个问题。但是，如果我们认真对待这派哲学的交流意图，那么这就意味着我们不能再把这派哲学理解为这样的哲学：它从外面描述交流实践，且在某种意义上，限制交流实践。这意味着认真对待实用主义的交流特质的唯一方法是，在我们与别人的交流中，加入这种方法。因此，我们不能再把这派哲学理解为某种从外面描述交流的"元理论"，*41*

且因此就能够先于交流而出现。我们认真对待这一理论的唯一方法是，在与别人的交流中，我们是否把它提供为一个可能的立场，一种理解交流的可能方式。

"提供"此处需要在字面意义上来理解，正如杜威所理解的，交流总是包含变化和转化的风险。从某种意义上说，交流只能在转化中并且通过转化而存在——用德里达的话说，这意味着交流总是处于解构中的。认真对待杜威的交流哲学，意味着我们必须准备承担这样的风险，即当我们把这个哲学放入我们与别人的交流之中，产生的结果是这个哲学会发生变化。只要我们试图排除这个风险，我们就没有进入杜威意义上的真正的交流和真正的参与；排除这个风险，我们同时会排除这样一种机会，即让我们的交流伙伴以并非我们的理论、前提和期望想要他们出现的那样而出现。

这不仅意味着交流的唯一可能性，存在于其自身的解构中——就是说，认可交流是一个弱的、开放的和有风险的过程，而这一过程之所以可能，是因为认真对待了所有交流中的彻底开放性和不可预测性。这也意味着交流哲学或理论的可能性存在于自身的解构中，也就是说，认可这一派哲学或理论永远不能固化或者决定交流是或应当是什么，但它最终只能把自己提供给交流。正因为如此，我希望提出，实用主义的未来可能性必须是一个解构的实用主义。解构的实用主义不是一个被解构的实用主义——也就是说它不是一个被拆散的或被损毁的实用主义——而是承认这样一个事实，即实用主义总是在解构中，因为它只能存在于交流中。

结论

在这一章中，我已经展开一个关于实用主义和解构的讨论。一方面，我已经力图澄清，为什么我相信实用主义的交流哲学对于多元社会中的教育过程，依然有重要贡献，特别是关于跨越差异的交流问题。杜威的交流实践观(即我们一起来做的交流)的主要意义，是交流的起点存在于参与中，也就是在一起做事的过程中。但是，杜威也表明，重要的是参与的质量。这意味着只有某些形式的参与具有让共享世界不断创造的潜力(此处再强调一下，这样的世界不是说每个人都有相同的观点，而是说每个人都能以自己独一无二的方式参加其中)，而在这样的参与中，所有参与者都有一个关注和兴趣在其中。正如我前面提到的，实现这样的共享世界绝非易事，但至少杜威为我们提供了一个区分"真实"参与和"虚假"参与的标准。

因此，对于以弱的、开放的和有风险的方式理解交流，杜威做出了自己重要的贡献——不仅就交流理论和交流哲学的一般层面而言，而且相对于教育方面的交流而言。尽管如此，我已经表明，杜威的路径至少有一个哲学方面的问题。这个问题与其自身的形而上学的特征有关，更具体地说，这个问题与把交流看成万事万物起源的、初始而自足的"在场"有关。我已经力图澄清这不仅是一个哲学问题，而且是一个潜在的实践应用的问题。此处的张力存在于下面两者之间，即杜威哲学中有关交流的目的或气质(即坚持认为交流是一个开放和生产的过程，一个一起做事以便让事物具有共性的过程）与杜威使交流理论化的特定方式之间。简单地说，此处的危险在于，这个理论成为交流应当如何进行的一个模板，因而它试图打开的事物反而被关闭掉了。因此，我受益于德里达，表明杜威哲学中的交流气质需要以解构的方式探讨。这种解构不仅是在交流活动本身的层面——按杜威的思想，交流必须理解为始终"在解构中"的过程。并且，就我们在杜威著作中找到的交流理论和哲学本身而言，也是"在解构中"的。

/3. 教学/

教学不能简化为接生术；它从外面而来，并且带来的东西多于我自己所有的。

——伊曼纽尔·列维纳斯

教育通过交流手段运作，这一见解本身并没有什么争议。很明显，教育是通过交流而发生的——但是，这并不必然意味着它仅是通过口头或书面的语言而发生的。当我们提出交流到底是怎么"运行"这个问题时，情况就已经有点耐人琢磨了。在前一章中，我已经展示，从物流的角度理解交流和把交流理解为由参与而带来的促生过程，是不一样的。对于前者，只是将团团的信息从 A 点传送到 B 点，而对于后者而言，"共同的"事物会从参与活动中产生。后一种观点把教育交流看作一个开放的过程，也因此是一个包含风险的过程。把风险从交流中剔除意味着把它还原为一种传输形式，使得交流失去了对话潜能，即失去妥善对待参与者的能力。妥善对待交流中的参与者意味着什么呢？这一问题并不是一个仅在理论层面能解决的问题——它并不是一个只要有"正当"理论就算完成的事情——而是意味着我们终将需要把我们的交流理论付诸包含风险的实践中(强调处为作者所加)。

出于这些考虑,我们讨论了解构的实用主义。尽管它为教育过程和教育实践提供了重要的标志,但是很明显,有一个结论不能从前面关于交流在教育中的角色的探讨中得出,这就是:因为教育是通过交流而运行的,所以交流即教育。参与到集体性的意义建构中,甚至参与到集体性学习中,并非自然而然就是教育活动的例子。之所以这样说有许多原因——其中一些原因我已经在别处探讨过了,特别是有关学习和教育之不同的探讨(Biesta,2006a;2010b),但是这个议题我会在下一章中回头来讨论。在这一章中,我将聚焦在我们讨论中的一个特别方面,即关于教学和教师的角色。我从教学是所有教育中一个必要组成部分这个前设开始,将探讨这对于我们理解教学和教师意味着什么。我不同意把教师看成学习同伴或学习帮助者,而我将提议,从最广义上来说,我们应当把教师理解为一个给教育情境带来新事物的人,带来"不曾有的"事物的人。因此,我建议"教学"不能完全内在于教育情境,而是要求一种"超越"的观念。

从超越的角度思考教学,意味着教学可以被理解为一个礼物或者一个馈赠礼物的行动。但是,我论述,对学生馈赠由"教学"而来的礼物的力量,我们不应认为来自教师——而恰恰在此处,我们可以在教学中发现一个脆弱的"时刻"。这就是为何我从谱系的另一边探讨由"教学"带来的礼物和"教学"作为礼物的问题。关于此问题,我强调了"从……学习"和"被……所教"之间的区别,并且我提出正是后者能够帮助我们为教育恢复"教学"的权利，或者，正如我下面所要论述的，把"教学"重新还给教育。

建构主义和教学之终结

在最近几十年里的世界各国中，如果说有一个观念大大改变了课堂实践的话，那么它一定是建构主义。建构主义拥有这么大的影响力，其本身必须在理论上是多元的和开放的。因此，建构主义式的课堂，从一系列不同的，甚至在某种程度上是冲突的理论和观念中获取灵感。比如恩斯特·冯·格拉塞斯菲尔德(Ernst von Glasersfeld)的激进建构主义(radical constructivism)、皮亚杰的认知建构主义(cognitive constructivism)、列夫·维果斯基(Lev Vygotsky)的社会建构主义(social constructivism)，以及约翰·杜威的交互建构主义(transactional constructivism)。如果把这些取径联合在一起——至少在表面上看——从而让建构主义课堂具有某种特征的话，那么这就是对学生活动的强调。这一观点基于这样一个前设，即学生们必须建构他们自己的洞察力、理解和知识，而他们的老师不能为他们做这些。因此，在建构性的课堂上，建构主义不仅运行为一个学习理论或认识论，而且首先是一个教学法(下圆点为作者所加)。弗吉尼亚·理查德森(Virginia Richardson)已经正确指出"建构主义是一个学习理论而不是一个教学理论"(Richardson，2003，p. 1629)。这句话不仅意味着建构主义教学法不但是对建构主义学习理论的应用——理查德森甚至进一步论述"有效的建

45

构主义教学要素还是未知的"(同上)——而且，这句话还意味着对于建构性学习理论的信念并不必然要求人们采纳建构性教学法。归根结底，"学生们也从传输型教学模式里的活动中建构意义"。(同上，p. 1628)

尽管建构主义首先是一个学习理论，但是学校、学院和大学对这一理论的理解已经带来实践中的变化，而这一变化的特征常被描述为"从教到学"的转变。巴尔和泰格(R. B. Barr & J. Tagg)(1995)甚至做出强烈的声明，指出此处的关键是库恩式的范式转变，即从他们所指的"讲授范式"转向"学习范式"。此处用这些用语的目的并不是说，在"讲授范式"之下不存在对学生学习的关注，而在"学习范式"之下却有这样的关注。巴尔和泰格的观点——以及那些有类似观察，从而制造出关于当今教育的"常识"的人的观点——是说在讲授范式中，关注点是从教师到学生的内容传输，而在学习范式中，关注点在于教师怎么能够帮助和协助学生进行学习。这与理查德森对于建构性教学法的描述是一致的。理查德森所描述的建构性教学法包括"课堂环境、课堂活动和课堂方法的营造，而这些都基于建构性学习理论，其目的集中在发展个体学生对教材的深刻理解，以及促进未来学习的思维习惯"。(Richardson，2003，p. 1627)

从教学到学习的转变——作为教育话语和教育实践的更广泛的"学习化"中的一部分——已经彻底改变了关于教学的内涵和关于教师的定义。一方面，建构性思维已经把"教学"变成营造学习环境，以及帮助、支持和让学生的学习结构化的观念；另一方面，它一下子贬低了"传输型教学",因此带给讲座和所谓"讲授式教学"一个坏名。① 换句话说,建构主义看起来已经放弃了教师有东西要教和学生有东西要从老师那里学的观念。如果我没有看错的话,这甚至在教师们中间带来某种尴尬,不知如何面对"教学"的观念和作为教师的身份认同。可能这一点就是让我最担心的,因为如果我们放弃了教师有东西要教的观念,转而使他们成为学习的帮助者,这在某种意义上就是放弃了教育的观念。

在这一章中,我关注的议题涉及建构性思维(从上面广义的理解来考虑)对教学的影响。我不仅关注它对教学实践的影响,而且关注它对教师角色、教师身份认同和教师"立场"的影响,甚至它对教学观念本身以及教师观念本身的影响。我想处理的问题是,我们怎么做能够在教育的理解中给教学一个地位,也就是说把"教学"还给教育。我希望探讨的论点是,是否只有教学的观念带有某种"超越"观念,教学才会有意义。也就是说,是否我们把教学理解为彻底从外面而来的某些东西,一些超越"学习者"的自我、超越受教者的某些东西,教学才会有意义。

---

① 在这一章中,我希望强调某些现象;它们形成促使我进行反思的契机。通过参考建构主义思想和直觉,我观察到教学观——也因此,教师观——看起来意义已经发生变化,以至于教师已经至多是学习的促进者,在某些情况下仅仅是学习同伴。因此,我既不是分析也不是批判建构主义本身,而是对于某些建构主义概念——显然也包括错误概念——是怎么促成我们所谓教师的消亡、消失,或用更为后现代的模式说,教师的终结或死亡。关于对建构主义的批判的最近讨论,参见 Roth(2011)。

建构主义教学法、内在性和学习悖论

教学——或者说和"学习的协助"关系不大的某种教学概念——看起来已经退出教育整体，其原因和建构主义把学习看作内在的人类行为有关。尽管这带来诸多建构主义作为学习理论（见下面）方面的问题，但是更成问题的是建构主义被转化为一种教学法，并且成为教育理论中的一部分，因为有人可以辩论说教育的关键恰恰不是重复已经存在的，而是把一些新事物带来。当然，这个观点在教育文献中是一个古老的争论，而且人们能够直接追溯到柏拉图的《美诺篇》(*Meno*)，追溯到苏格拉底以及追溯到"学习悖论"——而且众多作者的确把苏格拉底和柏拉图视为"教育中最早的建构主义者"(Nola & Irzik, 2005, p. 105) 或者更准确地说，是最早践行建构主义教学法的人。①

学习悖论是美诺提出的一个困境，即当一个人不知道他要寻找什么时，他怎么能够找到某事物，并且如果一个人对自己在找的事物一无所知，他如何能够辨别出他要找的事物。美诺这样提出了问题："苏格拉底，你将怎么探究你并不知道的东西？你会提出什么当作探究的对象？并且，如果你找到你所想要的，你怎么会知道这就是你不知道的东西？"然后，苏格拉底重新阐述了问题："美诺，我知道你的意思；但是，你看你引出一个多么枯燥的争论啊！你论述一个人无法探究他

①　诺拉和厄齐科(R. Nola & G. Irzik, 2005)的确提到，尽管柏拉图和苏格拉底可以被视为最早践行建构主义教学法的人，但是他们并未持有建构主义知识论。

所知道的，也无法探究他不知道的；因为，如果他知道，他没有必要去探究；如果他不知道，他没有能力探究；因为它不知道他打算探究的对象是什么。"①苏格拉底走出学习悖论的方法是论述所有的学习都是回忆。这就是为什么他否认他有东西要教，也否认自己卷入了教学中。这也是为什么他把自己的教育努力完全展现为接生术式的：将已有的东西引出来。

　　不管是从学习理论的角度来说，还是就渐行渐远的教师角色而言，我们都不难看到此处与建构主义的联系。但是，尽管苏格拉底说他没有进入教学行动中，并且希望通过这一声称否认教学的可能性，然而这与他实际所做的并不一致。在这一点上，我认同莎伦·托德（Sharon Todd）的论述。在其著作《向他者学习》（*Learning from the Other*）中，她论述"不能接受苏格拉底的话"。（Todd，2003，p. 23）通过对《美诺篇》的细微阅读，托德展示，苏格拉底力图说服美诺的童奴，使他相信他已经拥有自己没有意识到的知识，而在这一过程中，实际上已有大量教学发生了。托德特别强调了苏格拉底践行的教学。这种教学对童奴男孩的身份认同产生了影响，是一个童奴受教的过程。这种教学过程不仅使其意识到他自己的确是一个童奴，同时也使其意识到他自己还是一个学习者，也就是说，是一个"教学的对象"。（同上，p. 24）因此，托德把苏格拉底展示为一个"教师，好像一个完美的谋杀者，使得

48

---

① Plato's Meno, translated by Benjamin Jowett. Project Gutenberg EBook：http：//www. gutenberg. org/files/1643/1643-h/1643-h. htm［访问时间 2012 年 6 月 5 日］

教学看似没有发生，没有留下任何蛛丝马迹，而且让别人信服他的清白"。(同上)但是托德补充道，苏格拉底通过宣称自己的提问无关教学，实际上"掩盖了呈现于教师和学生之间的修正的和非对称的基本结构"。(同上，p. 25)

托德的解读对如下建议提供了支持，即只有当"教学"带有一种"超越"的观念，也就是说，如果把教学理解为从外部而来的，以及是对已经存在的有所添加，而不仅仅是对其确认，教学才具有意义。她的论述也表明从教学到学习的转变，在某种意义上是意识形态的，因为这个转变以苏格拉底提问的名义掩盖了教学。为了突出我所认为的教学中的超越维度，我们可以从托德对列维纳斯的解读中获得支持。列维纳斯的确声称："教学不能简化为接生术；它从外面而来，并且带来的东西多于我自己所有的。"(Levinas，1969，p. 51)在托德看来，带来的东西多于我自己所有的这一教学观，和苏格拉底的方法是对立的。苏格拉底的方法在教育实践中统领着对话式教学法，教学被视为"从已经包含我的自我之中，引出那个'我'"(Todd，2003，p. 30)。因此，托德下结论认为："接生术的教学模式抹掉了他者的重要性，并且声称学习是内含在'我'里面的一部分记忆恢复，而不是在社交的时刻他者给'我'带来的一种中断。"

托德的论述对理解教学中的超越观念的重要性，是一个重要贡献。然而，在我看来，有两个方面还需要扩展。第一个是比较小的扩展。托德把她的论述强烈集中在"学习成为"(learning to become)的观念上——一个由西格蒙德·弗洛伊德(Sigmund Freud)和科尼利厄斯·卡斯托里亚迪斯(Cornelius Castoriadis)的思想而激发的观念。尽管"成为"可能是由学习的结果导致的，但我并不认为它是教育中唯一重要的——在某种程度上，我甚至想质疑为了"成为"我们需要学习这样的提议。(见第4章)这就是为什么我不同意来自卡斯托里亚迪斯的观点。用托德对他的引用，即"教学法的关键点不是教某一些事物，而是在所教的对象身上发展学习能力"(Todd，2003，p. 19)。我则愿意着重强调教学"行动"，并且对于教学目的可以是什么的问题，抱有一个宏观见解。(Biesta，2010，第1章)教学目的对我而言，总是包含教一些"具体的事物"。

　　但是，最为重要的议题是"超越"概念在讨论中是如何出现的——此处我并不是批判托德的论述，而是发现了她对这个概念有特别的用法，所以提议对其推进一步。在托德的论述中，值得关注的是，她追随列维纳斯，的确明显讨论了"超越"观念。但是，这个"超越"概念总是被带回——或者我们也许可以说包含在——"他者"的观念中，并被理解为"一个具体的、象征性的个体"。(Todd，2003，p. 47, note 1)托德强调列维纳斯所说的"他者"不单纯是"一个社会学意义上的、被边缘化的或被诽谤的'他者'"，也不是"作为对象的另一个人，像我自己一样"；托德也引用了列维纳斯所说的："凡不是我自己即是'他者'。"(同上，p. 29)尽管如此，超越自我的他者，仅仅以"作为人的他者"在讨论中出现，或者作为一个教师，或者我们能"学习成为"的另一个人。我在此处想提出的议题，并不是这样处理本身是否会带来问题——一个人甚至可以论述这恰恰是列维纳斯的超越概念的独特之处。(见下文)

我想提出的议题是，当我们说"凡不是我自己即他者"时，是否这个他者只能限于具体的和可辨认的其他人类，或者是否我们应该对某种可能性保持开放，这种可能性即让更加不同的事物可以介入。因此，此处的问题是，我们可以如何思考"超越"这个概念，而我表示，此处提出的问题还有我们可以如何超越思考——尤其是超越关于"什么'是'超越"的思考。我现在转向的正是这个问题。

思考超越，超越思考

　　我对超越概念有所扩展，是受到最近出版的一本书的引导。该书名为《列维纳斯与克尔凯郭尔的对话》（*Levinas and Kierkegaard in Dialogue*），作者为默罗尔德·韦斯特法尔（Merold Westphal）。在这本书中，韦斯特法尔让两位思想家的思想进行"对话"，内容恰恰是围绕超越的主题。（Henriksen，2010）这本书的核心观点是对于列维纳斯和克尔凯郭尔而言，超越不只是包含其他人的他者性，而是多于这种他者性。但是，列维纳斯和克尔凯郭尔都一致认为"值得被称为神圣的超越和他性，不会在理论知识领域中找到，而是在去中心化的认知性自我回应上天的要求时发生的"。尽管如此，他们不一致的地方在于，"列维纳斯坚持邻居总是介于我与上帝之间，而克尔凯郭尔则坚持上帝总是介于我和邻居之间"。（同上，p. 5）

　　在这本书的前两章中，韦斯特法尔通过"启示"概念讨论这个问题。对于我们的讨论而言，值得关注的是克尔凯郭尔化名为约翰尼斯·克利马科斯(Johannes Climacus)，通过讨论美诺探讨了启示概念，而他聚焦的问题是：是否有可能在接生术思想之外或不同于接生术思想而对教学进行思考。尽管在接生术概念中的教学，把教学看成相对于学习是偶然的，但是克利马科斯通过"思考任务"(thought project)提出了问题："如果苏格拉底关于知识即回忆的看法有可替代的选择，如果教师是真正地在教，从而对教师的关系呈现为是必要的，而不是偶然的，那么，什么必须为真呢。"（Westphal，2008，p. 25）克尔凯郭尔给出的答案是教师不仅需要给学习者以真理，而且需要给学习者"将真理辨认为真理的条件"，因为，"如果学习者本人是理解真理的条件，那么他需要的只是自己回忆"。（同上，p. 25；另见 Kierkegaard，1985，p. 14）这个"真理的双重给予"就是克利马科斯所描述的启示。因此，启示不仅意味着"教师给学习者一些他/她不曾拥有过的知识，而更重要的是给他/她辨认真理为真理的条件"，因为只有在后一种情况下，（学生）"对教师的关系成为必要的。"（Westphal，2008，p. 25；下圆点为本书作者所加）

　　克利马科斯帮助我们看到，对学习而言教学是必要而非偶然的，教学也不仅是呈现给学生一些他们还不知道的东西。教学反而是给学生呈现一些这样的东西，即"它既不是从已经知道东西中推论出的，也不是被已知道的东西所证实的"(同上，p. 26)，而是的确超越他们已经知道的东西。正如韦斯特法尔所解释的："对于克尔凯郭尔和列维纳斯而言，值得被称为启示的知识独立于'已经说过的言论'，而那些已经说过的言论是人们辨认那种真理的条件"。（同上）因此，列维纳斯写道，苏格拉底式的教学的特征是以"相同为首要"，也就是说，"不接收任何他者，只接收我内在拥有的，好像我一直拥有从外面而来的东西"。(Levinas，1969，p. 43)与此不同，列维纳斯追寻的则是另一种关系。在这种关系中，"我"从他者获得了"超越我能力限度"的事物——这不仅意味着"要有一个无限的观念"，而且意味着"要被(他者)教"。(同上，p. 51)正是这种教学可以被称为启示。(同上，p. 67)

韦斯特法尔注意到列维纳斯和克尔凯郭尔都把启示概念和权威联系了起来。毕竟，如果教学是关于呈现给学生一些事物，而这样的事物"既不是从已经知道的东西中推论出的，也不是被已知道的东西所证实的"，那么学生们必须从教师的权威中吸收这种事物。这个深刻见解的宏观意义在于，正如韦斯特法尔所言："对于列维纳斯和克尔凯郭尔来说，伦理与宗教生活的基础存在于权威的启示中，而这样的启示，从超越我们追忆能力的范围之外，直接降临于我们。"(同上，p. 26)列维纳斯在1965年的一篇论文《现象与谜》(*Phenomenon and Enigma*)中，把这种关系称为"谜"，从而强调所揭示的并不是现象，不是可以被我理解的事物和能够被我理解的事物，而是"超越"我的认知和理解力的事物——因此，甚至"超越存在"(同上，p. 62)和"超越理性"。(同上，p. 61)正如列维纳斯所说，谜是"以未呈现自我的方式呈现自我"的一种方式。它代表的是"以未呈现自身的方式表明自身"。(同上，p. 73)它涉及上帝真正地"进入意识"(Levinas，1998b)，而不是一个试图理解上帝的意识自身。

韦斯特法尔揭示列维纳斯用"谜"的观念，反对逻各斯中心主义的理性。该理性武断地将上帝排除在自己的领地之外，因而表现为"说教式的无神论"，而且该理性"通过把神性转化为（看得见的或理性的）现象，以此驯化上帝"——这成为"驱散上帝神性"的过程。（Westphal，2008，p. 31）后一点解释了为什么列维纳斯对他者的强调——对前面我所说的作为人的他者的强调——可以说，并不排除"进一步的"或"其他的"超越。列维纳斯想要避免的是这样一种情境，即上帝在我听取他者的过程中有所阻拦——不同于克尔凯郭尔，列维纳斯认为，比起他者在我理解上帝过程中有所阻拦，前一个阻拦是个更大的问题。（见同上，p. 53）这就是韦斯特法尔所说的把伦理观念指为"宗教的目的悬置"（同上，p. 47）。此处，悬置不能理解为将宗教简化为伦理，而是否认宗教宣称自己为自主的和自足的。因此，韦斯特法尔写道："目的悬置并不进行消除；它进行相对化。"（同上）

基于对列维纳斯的论文《上帝和哲学》（*God and Philosophy*）（Levinas，1998a，pp. 55—78）的阅读，韦斯特法尔提供了一个强有力的论述，即为什么对哲学而言，超越是重要的。该论述的核心是，列维纳斯评论了哲学"具有对意义和理性的控制"这一思想。为了论述这一观点，列维纳斯区分了圣经的上帝，即超越哲学思想的上帝，和哲学家的上帝。尽管哲学，比如以列维纳斯所说的"理性神学"为形式，力图通过把上帝拖入本质领域——从而否认甚至摧毁超越的可能性（Levinas，1998a，p. 56）——但是列维纳斯力图为"超越本质"的意义保留一个位置。这并不意味着要求哲学将超越概念带入哲学思想之中——因为那样做的话，超越将会被拽回意义作为本质的有限领域中——但是

52

要求哲学是超越的、被中断的，并且其基本的不完全性是呈现于外的。当然，尽管不会有成功的任何保障(因为真正的被中断，总是无法预测中断何时到来)，好像一个夜贼的光临，但是哲学为了这样的"中断"会让自身保持开放。当然，哲学也会否认需要超越，同时会将自身保护起来免于任何可能的中断，从而力图维持其自我选择的自足。尽管哲学可能因这样的策略而被原谅，但是我认为这对教育哲学而言不是一个可行的选择——就是说，如果教育哲学不希望崩溃为学习哲学，且教学在其中没有位置。如同我在第一章中所探讨的，毕竟，教育兴趣，是对来到独特而特别崭新的世界的兴趣，而这意味着教育哲学必须为那些无法预见为可能性的事物提供位置，为那些超越了可能性领域的事物提供位置。

接受教学的礼物

以上论述表明，如果教学拥有一个超越学习的意义，如果教学对于学习是必要的而不是偶然的，那么它必须带有"超越"的概念。它必须理解为从外面而来的事物，并且带来特别新的事物。这就是我们可以从克利马科斯的教学观念中找到的"真理的双重给予"，以及从列维纳斯所理解的教学作为一种关系，在这个关系中，我从他者那里获得"超越我能力范围的事物"。但重要的是，与其说克利马科斯和列维纳斯两人在讨论教学是可能的，不如说他们在探究教学的意义及其条件。克利马科斯从一个假设性问题开始，即"如果教师真正在教学，从而使教学变为必要的，而不是偶然的"（Westphal，2008，p. 25），那么什么必须是真的？随后他很快转向教师是否能够真正做到"真理的双重给予"这个问题。然后他很快宣称当我们从前一个假设问题转向后一个问题时，得出的结论是这样的能力超越教师的能力。他明确声称："不仅给学习者以真理，而且提供[将真理理解为真理的]条件的那一位不是教师。"（Kierkegaard，1985，p. 14）尽管克利马科斯承认"所有的讲授都依赖于条件的呈现，而如果条件是缺失的，那么教师什么都不能做"（同上），但是他也论述"没有人"能够以如下方式转变学习者，这个方式就是：使学习者逐渐拥有"将真理理解为真理的条件"。（同上）因此，克利马科斯下结论，如果这样的转变会发生，"它必须是上帝亲自所为"。（同上，p. 15）

53

克利马科斯从教师的视角入手教学的问题，然后得出结论，即真理的双重给予是教学的特征，是一个超越教师能力的礼物，而列维纳斯则是从谱系的另一端看待教学问题，即从受教者的视角看待教学问题——他们从别人那里获得了"超越自我能力"的事物。正如我上面提到的，列维纳斯把这个经验的特征描述为"被教"的经验。因此，我想提出，这里所用的语言很重要，因为"被教"的经验完全不同于"从……学习"的经验。当学生从他们的老师那里学习时，我们可以说他们把他们的老师利用为资源，就像使用一本书或使用互联网。而且，当他们向他们的老师学习时，他们把老师、老师所做的或老师所说的，带到他们自己的理解范围之内，带到他们自己的建构之中。这意味着他们基本上控制着他们从他们老师那里学到的东西。

此处，我的观点并不是提议"从教师那里学习"不重要——尽管这种学习确实引出一个问题，即为什么在那样的情境之下，我们仍然愿意使用"教师"一词，而不是用比如像"资源"那样的词。然而在这里，我的观点是从某人那里学习的经验完全不同于被某人教的经验。单单在"日常现象学"的层面而言，当我们思考我们被教会某事物的经历时——总是在事后，我们会说，"这个人的确教会我一些东西"——我们实际上是指在那些经历中，某人呈现给我们一些东西，或者使我们意识到一些从外面真正进入我们存在中的东西。这种教学常常提供一些顿悟；那些顿悟涉及我们自己、我们做事的方式以及存在的方式；我们不曾意识到那些顿悟，或者我们也不想意识到它们。它们是"不方便"的真理，或者，用黛博拉·布里兹曼（Deborah Britzman）的话说，是"困难知识"的实例。（Britzman，1998）

列维纳斯看起来没有克利马科斯那么激进，因为与克利马科斯不同，列维纳斯认为我们能够被教师教会这一点是可能的。虽然二者在这点上有差异，但是把克利马科斯和列维纳斯并列起来讨论是重要的，因为这帮助我们明白"被教"的经历，接受教学礼物的经历，并不是可以被教师制造出来的经历——这意味着教师进行教学的力量脆弱且具有存在主义的力量。这股力量依赖于互动和偶遇，但并不是强而有力和形而上学的力量。正是在这个意义上，当涉及教学的礼物时，德里达的观察是完全正确的，即在他看来，给予一个礼物"是给你不曾拥有的"。（Derrida，引自Caputo & Vattimo，2007，p. 135）一个人是否将被一个教师教会所教的东西，这超越教师的控制和力量（Saeverot，

2011），可是这并不意味着教师所做的一切就不重要。（见下文）

以这样的方式看待教学和被教，我们甚至可以说，恰恰是在这个意义上，教师的身份认同不得不理解为是零星偶现的身份认同，它只会在教学礼物被收到后的时刻出现。它不是教师自称的身份认同；它也不是教师确保拥有的身份认同。它是在我们做教师的生命中一个需要认真对待的可能性，一个伴随我们工作的可能性。因此把某人称为教师，最终不是指一个工作名称或一个专业，而是我们发出的赞美。当我们承认——并且当我们能够承认——某人的确教会我一些东西时，并且的确向我们揭示了一些东西，因而我们已经被教，在这个时候我们才发出这样的赞美。①

如此理解的教学还是一种有关"真理给予"的事情吗？我相信它是——如果我们不把给予我们的真理，即提供给我们的真理，理解为客观真理，而是理解为克尔凯郭尔所谓主观真理或存在主义真理。（Kierkegaard，1992）主观真理是"对我而言为真的真理"，是"我愿为之生活和死亡"的真理（Kierkegaard，1996，p. 32）。它被理解为这样的真理，即我力图在我生活中给予一个位置的真理，我已经努力为我所用的真理，我已经努力接收的真理，即使这个真理是一个艰难的和不方便的真理，并且在此意义上，即使这个真理是一个不受欢迎的真理。那么，客观真理和主观真理之间的区别，是我断言为真实的一套命题与我所利用的真理之间的区别。前者"反思的对象不是[知者和真理之

---

① 我想感谢杰伦·路特斯（Jeroen Lutters）的深刻见解。注意给出这样的赞美并不是意味着对教学礼物的回赠；它并不是一种"回报"。

间的]关系，而是[知者]把自己和什么联系起来"（Kierkegaard，1992，p.199）；而后者是我试图在我的存在中给予这个真理一个地位，因此重要的是对真理的"个体的关系"。（同上）正如克利马科斯所说的那样，它是关于个人怎么和真理联系起来，而不是个人和什么联系起来。因此，客观真理和主观真理之间的区别，与真理与谬误之间的区别不一致，也与客观主义和相对主义之间的区别不一致，而是涉及理论与存在主义之间的区别，也就是涉及什么是真实的和什么是重要的区别。在理论层面，我们总能够提出进一步的问题，我们总能够发现曾经被认为是客观真实的并非如此——这恰恰是我们可以怎么理解所谓"科学"，即持续的"对确定性的寻求"。主观真理既不是和客观真理有关，也不是和相对真理有关，而是和克利马科斯所描述的"客观的不确定性"有关。（同上，p.203）

卡普托（Caputo，2007，pp.61—62）这样解释二者的差异：

在客观真理中，重点落在对你所说的事物的客观性接触上（克利马科斯将此称为"什么"），这样，在你作为人的主观性中，不管你是一个恶棍还是一个传教士，如果你使得客观内容正确（2＋3＝5），那么你就处在真理中。没有什么阻止一个著名数学家成为一个伦理上的恶棍。存在主义的主体是偶然性的，并且仍然是一个漠不关心的旁观者。但是在主观性或"存在主义"真理中，重点落在克利马科斯所说的"如何"上，落在主体生活的方式上，落在真正的生活和主体的"存在"上。此处，只要在"主体性即真理"的地方，那么主体就是必要的和热情参与的。在这种情况下，即便所说的在客观性上是真的——上帝是爱——如果你没有因此而主观性地发生转变，如果你就个人来讲在心中没有爱，那么，你并不拥有这样的真理。(……)此处的区别在于，一个是拥有"真上帝"的观念，一个是"对上帝拥有一个真关系"。此处，关系是怎么样的才是全部。(下圆点为原书所加)

以这样的方式看待"被教"的经历(再度)使权威在我们理解教学过程中有了一个位置。1968年事件已经明显表明问题出在威权主义式的权威上，也就是说，权威仅被视为无正当理由地使用权力。这样的权威事实上不能以教育的方式运作，因为它的运行，建立在否认人们的主体性上，而那些人则受制于这样的权威。但是，正如威权主义教育是而且应当是一个矛盾修辞，反威权主义教育也是。反威权主义教育，用 A. S. 尼尔(A. S. Neil, 1966)的话说，把自由与执照合并，认为自由的促进意味着一切事都应该可以。正如我在序言中暗示的，教育问题——不像学习问题——并不是做你想做的，而是要求参与区别什么是想要的和什么是值得向往的。教育问题，换句话说，涉及我们想要给权威的是什么，涉及决定我们生活中想要的权威是什么样的。接受教学的礼物，欢迎那些不受欢迎的人和事，给不方便的真理和困难知识一个位置，恰恰是我们给我们接收的教学以权威的时刻。在这个意义上，并且大概只能在这个意义上——权威的观念在教育中才会有一个有意义的位置。①

结论

　　这一章是由我的一个具体而实际的关切促动而成的。这个关切涉及教学的消失和教师角色的消亡，而此处教师需要被理解为讲授一些东西并且带来一些东西的人。正如我所揭示的，这不单纯是一个理论或哲学探讨，而是对教学的普遍理解甚至对教师的自我理解有一个真正的影响。为了回应这个问题，我已经论述，如果教学不单单是对学习的辅助，或是对学习环境的营造，那么教学观念需要带有一种超越的观念。我不仅已经力图明示需要"哪种"超越，我还力图表明，前后一贯地理解超越意味着什么。正如我已经提出的，这种理解不仅涉及某种思想或涉及明白与否，而且包括认真对待启示的观念和启示的可能性，把启示看成既是一个宗教观念又是一个世俗观念。我这样做的同时，我已经力图建议，超越概念不能局限于将他者理解为另一个人。一旦人们把超越概念带出来，人们必须认真将其对待"下去"——或者我们可能应该说，将其对待"上去"。

　　尽管这的确意味着教学观念需要带有"超越"观念(如果教学想要有超越辅助学习的意义的话)，但这并不意味着教师可以简单地或没有问

---

　　①　给我们接收的教学以权威性，不应当理解为我们对教学礼物的回报，因为在那种情况下我们回馈我们被赠与的，那样就废除了礼物的意义而将其转变为一种交易。(Derrida，1992)

题地占有超越。(正如我在上面强调的,教学的力量恰恰不是教师所拥有的事物。)一个原因在于这样一个事实,即教师永远无法完全掌控他们的教学活动在学生身上的"作用"。在这个意义上——此处与前面一章讨论的"交流"论题有联系——教育"任务"总是需要致力于自身的"不可能性"(Vanderstraeten & Biesta,2001;Biesta,2004a;Green,2010;Gough,2010),因此需要以一种具有讽刺意味的感觉前行,就是说,以一种对自身的不信任感,一种无力感或脆弱感而前行。而另一个原因,可能是更为重要的原因,则与一个事实有关。这个事实声称超越的立场有把教育权威转变为教育威权主义的风险,而这将对人们想往和希望带来的教育造成阻拦。

　　因此,我便以"被教"的经历作为视角,切入教学问题。正如我所强调的,"被教"从根本上不同于"向……学习"的经历。在学生向教师学习的情境中,教师以一种资源而出现,如此,从老师那里学到的东西得以在学生的控制之中。但是"被教"的经历则是另外一种情境:在那种情境中,一些东西从外面进入我们的存在中,可以这样说,那些东西从根本上是超越"学习者"的控制的。因此,"被教"——打开自我以获得教学礼物——意味着在个人的理解和个人的存在中为这样的打断提供了一个位置。因此,依循克尔凯郭尔,当这样的教学被接收时,它们就是主观真理的事情,也就是我们愿意赋予权威的真理。

　　教师不能生产"被教"的经历这一事实,意味着教师在这一领域无所作为而只能寄予最好的希望吗?我并不认为这是必然会得出的结论。教师和那些关注教学的人所能做的一件事,就是抵制和中断关于教学的建构主义式的"常识"（见第 4 章）——在这个"常识"中，教师是一个没有什么东西能给予学生的人，并且什么也没有给予，他/她牵引出内在于学生的一些已有的东西，他/她辅助学生的学习而不是教给他们课程，他/她让学生的学习尽可能地没有阻碍，他/她不会提出困难的问题或带来困难的知识，他/她希望学生会以满意的消费者的身份离开。但是，关于教学，毕竟总是有不一样的故事，而且重要的一点是这个故事在被讲述着和被执行着——既在学校里也在社会中。在这个故事里，教师不是为了学习而可以任意处置和可以省去的资源，而是有一些东西要给予的人。在这里，教师不会躲避困难的问题和不方便的真理，他们积极而一贯地致力于区别什么是想要的和什么是值得向往的，从而探索"在我们生活中应该有的权威"是什么样的。这个问题不仅是在个体学生及其欲望层面的问题，而且与教师的公共角色有关（Meirieu，2008），从而让学校教育的任务，和为个体层面的"想要"而做得更广泛的民主转化（重新）联结起来，其中，后者使个体的"想要"转化为集体同意的"需要"。（Heller and Fehér，1989；Biesta，2011）

正如需要讲述和执行关于教学和教师的不同故事，我们同样需要讲述和执行关于学生的不同故事。在这个故事中，学生不是一个学生—消费者，需要以最有效的方式满足其需要。在这个故事中，学生为接收教学礼物而让自己敞开，能够欢迎不受欢迎的人和事，不把自己限制在向教师学习的任务上，而是向"被教"的可能性开放。为这一可能性敞开自我，可能开始于承认学校不是而且不应该理解为一个学习的地方——毕竟，如果一个人希望学习，他/她在什么地方都能学——但是，一个学校之所以成为学校，是因为学校是教学的场所这一事实，因为和大多数(如果不是全部的)社会机构、环境和布置相比较的话，这是学校最为独特的地方。一个人不仅学习而且甚至可能"被教"，那么基于这样的前提而进入学校，可能是一个非常小的转变，但是，如果我们的目的是在教育中给教学一个恰当的地位，或者换句话说，如果我们的目的是把教学归还给教育，那么它是一个关键和必要的转变。

/4. 学习/

生活，从定义上看，并不是人们学习的事物。

——雅克·德里达

到目前为止，我已经讨论过三个教育主题——创造力、交流和教学——并且在每个主题中我已经强调了弱的维度和要素，为的是揭示这些维度不是偶然的（换句话说，它们不是缺陷），但就创造力、交流和教学而言，它们是必不可少的。因此，创造、交流和教学不能被创造者、交流者和教师理解为可控制的过程。恰恰在这个意义上，它们都包含风险。参与到这种风险中——也许我们甚至可以说：拥抱这种风险——会使这些过程具有教育的相关性和重要性。它给这些过程以教育的"力量"，尽管不是强的和形而上学的力量，但却是一种弱的而具有存在主义的力量。在这一章中，我转向讨论学习主题。尽管一些人把学习视为任何有关教育的讨论里的一个中心问题，但是，这么多年来，我对学习语言和学习话语的担忧已经与日俱增。（Biesta，2016a；2010b；另见下文）在某些激进的时刻，我甚至认为学习是教育家们应该最后才关注的事情——而我在前一章中介绍的"从……学习"和"被教"的区别中，大概能为我的这个想法找到一些原因。

因此，在这一章中我从一个较为批判性的角度讨论学习主题。我评判的主要"靶子"是这样一个提议：学习是自然的现象，是我们不能不去做的事情。针对学习是自然的现象，我论述，学习是建构出的事物——即当我们指某事为学习时，我们并不是描述一个自然发生的现象，而实际上是对某种变化做一种判断。这种判断在教育环境中是重要的——因此，正如我在下面要解释的和我前面已经论述过的那样，把学习语言当作一种教育语言起不到帮助的作用——但了解这种判断是什么也是重要的，即它是对于令人向往的变化所做的规范性（价值）判断，而不是对不可避免的自然过程的描述。把学习看成是建构的和人为的提议，使暴露某种政治"运作"得以可能，而这种政治运作正是通过"学习"观念开展的。我下面将从我所称的"学习政治"的角度给予更具体的讨论。"学习政治"运作于当代有关终身学习的讨论中。在对其分析的背景下，我揭示学习作为自然事物，作为我们不能不做的事情这样的观念，带来的危险是置人们于原地不动的状态。这就是为什么我在本章的后半部分会讨论解放的问题，以便探索是否有可能越过某种"学习政治"的边缘思考解放问题。携手福柯，我探索了抵抗、中断和越界观念中具有的解放潜能，从而强调，我们需要对学习者身份认同是自然的、不可避免的身份认同这样的观念加以抵抗，需要中断当下关于学习的所谓"常识"。

我对学习观念进行"去自然化"的努力——即把"学习"从不可避免

性和必要性中抽离——可以理解为从学习观念中抽取"强力"的努力。我这样做，不仅为了揭示学习是比许多人愿意相信的更为复杂和极具争议的概念，而且是为了展示这样一个观点：不是学习对我们有控制权，不是我们应该受制于学习，而是我们对学习有控制权。因此，从学习观念中抽取"强力"，对于探索教育中的弱的维度和弱的方面，又是一个贡献。

学习，学习，学习

雅克·德里达曾著有《马克思的幽灵》(*Specters of Marx*) 一书。在该书序言中，他写道："生活，从定义上看，并不是人们学习的事物。"(Derrida 1994, p. xviii) 如果确实如此，如果从定义上看是这样，那么以下这个来自联合国教科文组织的一个报告声明可能听起来与之有点脱节：

我们现在生活在一个瞬息万变而复杂的社会的、经济的和政治的世界中，身在其中的一系列场景中，我们需要通过不断快速获取知识、技能和态度而适应之。一个人如果不成为一个终身学习者，他/她将不能迎接生活的挑战，而一个社会如果不能成为一个学习型社会，它将没有可持续性。

这样的声明——听起来几乎像是威胁：如果不成为一个终身学习者，你将不能迎接生活的挑战，社会如果不成为一个学习型社会，它将没有可持续性！——近些年来已经太熟悉了，因此可以论述，我们如今生活在一个"学习时代"（而这碰巧是 1998 年英国政府咨询报告的题目，而该咨询报告甚至许下"为一个新不列颠的复兴"的承诺——见 DfEE 1988）。

在学习时代，我们被这样一些主张包围着，即学习是美好而值得向往的事物，而且是内在固有地美好和值得向往。我们也被这样的一些主张包围着，即学习是无法避免的事情，是我们必须做且不能不做的事情，因此，学习不仅应该发生在学校、学院和大学，而且应该贯穿于我们的生活，既延伸于时间（终生学习的观念）又延伸于空间（生活广度的学习的观念，即弥漫于我们生活的所有方面的学习）。但是，学习，真正是像雅克·德洛尔（Jacques Delors）及其同事于 1996 年在联合国教科文组织报告（Delors，1996）题目中所暗示的那样，是"财富蕴藏其中"吗？学习真正是不能避免的吗？学习真正是一个"无法避免的生物学事实，即我们学习，就像我们呼吸一样，无时无刻地发生，也不需要考虑"吗？（Field，2000，p. 35）因此，学习就真正是应当弥漫在我们的生活中，从黄昏到黎明，从摇篮到墓穴，从子宫到坟墓吗？也因此，拥有"欧洲终身学习指标"（European Lifelong Learning Indicators）是完全合理的吗？这个指标以极其细微的细节，测量每个欧洲国家表现"如何"，直到测量每个成员国内每个个体学习"如何"。（ELLI Development Team，2008）

在这一章中，我提出一些对"学习时代"的批判性质疑，即关于在我们时代和生活中，明显而无处不在的学习。这些质疑一部分与话语有关，也就是学习及学习问题的话语。这些质疑也和权力有关，也就是和权力怎么通过学习话语而运作有关。而这些质疑还关涉抵抗，也就是说，关涉我们是否应当抵抗要求我们学习的话语，如果是，我们能够怎么做。我以教育者和教育学家的身份对这些质疑入手，因为我认为，学习语言，已经完全无助于参与到世界中并且从世界中解放的双重教育任务了，不管是物质世界还是社会世界。（关于对于教育"任务"这一阐释，详见[Meirieu，2007]）我在这一章将使用的分析和批判"工具"是"学习政治"观念，通过这一观念，我将强调被"学习"话语操控的强大运作，而这个运作同时又隐藏于"学习"话语背后。我讨论的领域是终身学习，这不仅因为在这个领域，对学习的主张和要求最为明显地被阐释，而且这个领域通过政策和研究，一直强有力地支持了当代社会中关于学习的"常识"。

我将分五步展开我的论述。第一步，我从学习话语开始，一方面揭示长久以来的教育话语的学习化，另一方面突出"学习"观念的一些问题。第二步，基于这个背景，为了探讨通过终身学习而运作的学习政治，我将考察终身学习"领域"的转变。（此处我们应当注意，以学习的用语冠名这个"领域"已然是我想要处理的一个问题了。）第三步，我会提出一些主张，关涉我们怎么抵抗把学习自然化的趋势——就是说把学习和呼吸与消化等同起来的趋势——不管是在理论层面还是在实践层面。在第四步，我转向了关于解放的问题，为的是探索我们怎么能够在学习政治的边界之外思考和"践行"解放。第五步，通过福柯的著作，我阐明这种"无须学习的解放"可以是怎样的。最后，我会做一些结论性的陈述，从而归纳我的论证。

"学习"问题

在过去的20年中，"学习"一词在教育研究、政策和实践中已成为一个流行的概念。在其他著述中（Biesta，2010b）我已经陈述过"学习"一词快速使用的特征，以及更广泛的"学习语言"作为对教育话语和实践的学习化的兴起。这一过程在许多话语转变中显而易见，比如把教育指为"教学和学习"，把学生指为"学习者"，把教师指为"学习的帮助者"，把学校当成"学习环境"和"学习场所"——后者作为用语被用来指涉沃特克利夫·梅多（Watercliffe Meadow），即谢菲尔德的一所小学，宣称因为"学校"这个用语对学生和家长来说拥有多么负面的含义。①从"成人教育"向"终身学习"的转变是"新学习语言"（Biesta，2006a）的明显反映。

"新学习语言"的兴起是多种发展造成的结果——而且可能我们应该说其中一部分是没有意图的结局。这些发展包括：（1）新学习理论的冲击，特别是建构主义理论，强烈地聚焦在学生和他们的活动上，而不是教师和他们的输入上；（2）后现代主义对威权主义形式教学的评

63

论；(3)约翰·菲尔德(2000)所说的学习是"悄然的爆炸"，即越来越多的人参与到越来越多的不同形式和模式的学习中，特别是非正规和非正式的学习中；(4)新自由主义政策和政治对教育的个体化影响，包括成人教育(这一点我会在下面回头讨论)。学习语言的兴起，在一些情况下，已经为这个谱系范围的接收端赋予了权力，特别是在教学被视为狭隘、控制和威权主义模式下的领域中。但是，学习语言的兴起，也带来一些并不令人向往的结局。这些结局与"学习"概念的两个方面有关，一个是学习作为一个过程用语；另一个是，不同于"教育"，学习作为个体性和个体化的用语。

我们先来看第一个方面。在英语中，"学习"大体表示一个过程或活动。这意味着，就内容、定义和目的而言，"学习"本身是一个中性或空洞的概念。暗示学习是"好的"或"令人向往的"——因此暗示学习是应当贯穿于生命的事物或应当在学校促进的事物——没有任何真正的意义，直到规定了学习的内容是什么，并且更重要的是，直到规定了学习的目的是什么才会有意义。"学习"概念的这种空洞性，让学习在教育场景中的兴起成为一个问题，因为教育的关键——不管是学校教育或是成人教育——都从来不仅仅是学生学习，而是他们学习某事物，而且他们为了某些原因而学习这个事物。学习话语已经使得致力于目的问题变得更加困难了，以至于在许多情况下，这个问题完全从讨论中消失了。(Biesta，2010b)学习作为个体性和个体化的用语——学习终究是为自己而学习，为别人而学习是不可能的——把人们从教育过程和实践中的关系的重要性上转移开了，因此，这使得探讨教育专业人员(如教师和成人教育工作者)的特定责任是什么变得更加困难。

一旦我们承认学习问题总是进一步勾起关于目的的问题，我们就可以一方面开始追问学习的目的是什么，另一方面我们可以开始看到在终身学习政策和实践中推动的特别目的是什么。对于第一个议题而言，在成人教育领域中早已为人们所知的是，成人学习不是单一维度的目的，而是服务于一系列不同的目的。D. N. 阿斯平(D. N. Aspin)和J. D. 查普曼(J. D. Chapman)对终身学习的三个不同议程的区分，有助于我们看到这一点：为了经济进步和发展的终身学习；为了个人发展和实现的终身学习；为了社会全纳和民主理解及其活动的终身学习。(Aspin and Chapman，2001，pp. 39－40)正如我在本书前面部分提到的，我在自己的其他著述中(Biesta，2010b)提出区分三个领域的教育目的：资格领域，它关涉个体通过教育怎么有资格做某事(这是关于获取知识、技能、价值和性情的领域)；社会化领域，它关涉个体通过教育后怎么能够成为已有社会、政治和专业等"秩序"中的一部分；主体化领域，它与社会化相反，不是关于个体怎么成为已有秩序中的一部分，而是关涉个体怎么能够成为独立的——或如一些人愿意表达的：自主的——关于行动和责任的主体。资格化和社会化能够促进为个体赋权，因为这给他们以力量，让自己运行在已有的社会－政治格局和环境中，而主体化则让主体具有解放自我的导向，即不仅使个体做事和存在的方式导向接受已有秩序，而且导向改变已有秩序，以便使(世界上)不一样的做事与存在方式具有可能性。(我下面会回过头来讨论)

因此，学习语言的问题在于它遮蔽了教育过程中的关键维度——

即内容、目的和关系。这不仅意味着学习语言是无助于教育领域的语言[的确有证据表明它对教师参与规范性和政治性层面的工作，有负面影响，比如见（Biesta，2010b，p. 4)]——这就是为什么我创造了一个不太好看的词汇"学习化"（learnification）来突出这一点——而且学习语言运用自身并通过自身遮掩了政治性的"运作"。我现在要转向这个议题。

65　学习政治

　　虽然在学校、学院和大学教育中，有大量把教育话语"学习化"的相关案例，但是这种情况出现得最明显和最极端的领域要算"终身学习"领域了。正如我已经指出的，该领域目前被称为终身学习的事实，本身已经突出了学习语言对该领域的冲击。虽然人们对于"终身"维度的兴趣已经由来已久——比如在英国的巴兹尔·耶克斯利（Basil Yeax-lee）的著作中和在美国的爱德华·林德曼（Eduard Lindeman）的著作中（两人都出生于 20 世纪 20 年代）——但是，"终身"观念与教育观念（而不是与学习观念）联系起来也是有很长时间了（耶克斯利 1929 年的著作的名字就是《终身教育》）。即使是在 20 世纪 70 年代，对于"终身"维度的兴趣，可以说总还是与教育相联系的，比如在 1972 年联合国教科文组织的标志性报告《学会生存：今天和明天的教育世界》（*Learning to Be：The World of Education Today and Tomorrow*）（Faure，1972），或者早期的经济与合作发展组织对该讨论所做的贡献，即 1973 年的报告《回归教育》(*Recurrent Education*，OECD，1973)。

二十年之后，联合国教科文组织依然在追寻教育路线，比如在1996 年的报告《学习：财富蕴藏其中》(*Learning：The Treasure Within*)(Delors，1996)——但是注意题目——它不只是论述"重新思考和拓展终身教育观念"的需要，从而使其既关注对"工作本质的变化"的适应，又使其成为"整个人类得以形成的持续过程"。(同上，p. 19)同时，这个报告还论述认为，其关注点"由社会凝聚力向民主参与"转移(同上，第 2 章)，并且"由经济增长向人力发展"转移(同上，第 3 章)，鲜明地聚焦在终身学习的政治、民主和全球维度上。《学习：财富蕴藏其中》，从某种意义上说，可以被解读为对快速出现的、作为可选项的终身学习话语的回应。这个学习话语以经济基础为强烈特征，以关注终身学习作为人力资本的发展为特征。

终身学习首先是关于人力资本发展的，从而确保竞争力和经济增长——这一观点在 1997 年经济与合作发展组织(OECD)出版的极具影响力的文献中具有核心作用，这个文献就是《全民终身学习》(*Lifelong Learning for All*)(OECD，1997)。《全民终身学习》特别强调终身学习的经济依据——其本身以一个非常正式的意义理解为"贯穿生命"的学习(OECD，1997，p. 15)。它把"全民终身学习"观念呈现为"政策决策的指导原则，用以直接回应提升个体、家庭、工作场所和社群能力的需要，从而不断地适应和更新。"(同上，p. 13)这种适应和更新，在面对全球经济和工作世界的变化时，被呈现为是必要的。"从学前教育到退休后的积极学习"因此被呈现为"促进就业和经济发展中的重要因

66

素”，除此而外，也是促进“民主和社会凝聚力”的重要因素(同上，p. 13)。正如前面提到的，德洛尔报告主张将注意力从社会凝聚力转移到民主参与，从经济增长转移到人类发展；而《全民终身学习》则以相反的方向行进，即关注经济增长，并且认为民主与社会凝聚是可兼容的事项，而不是彼此处于张力状态中的事项。(关于这一点，参见 Biesta，2006c)

从终身教育到终身学习的转变意味着诸多事物。首先，这是一种从与个人和民主目的有关的终身教育，转向一个以经济——如果不是以经济主义①——为依据的终身教育。在此过程中终身学习成为生产人力资本的事业，而这不仅是在个体及其技术和能力层面而言，而且也在更微观的层面而言，即终身学习呈现为“为应对新要求而对人力资本进行调整的关键策略”。(ELLI 发展团队，2008，p. 8)因此，不仅终身学习的导向发生改变，而且终身学习的“形式”也发生了重要改变。一个突出的变化就是终身学习的个体化，也就是菲尔德(2000)实证性地展示的现象——他关于悄无声息的爆炸的观念——但是也可以从意识形态的视角发现这一现象，比如强调需要让个体针对世界经济的要求而加以适应和调整，强调把终身学习重新表达为获取一套灵活性的技术与能力，而且当然，还强调从“终身教育”(一个关系性概念)向“终身学习”(一个个体性概念)的微妙而重要的语用学转变。

这是有关“形式”的问题，也是有关政治的问题。终身学习在这个

---

① 我此处使用“经济主义的(economistic)”指把经济本身作为目的和价值的观念——类似于“科学的(scientific)”和“唯科学主义的(scientistic)”之间的区分。

层面上最为重要的转移，涉及终身学习作为个体可以要求的权利，转变成所有个体需要履行的义务(正如对 OECD 1997《全民终身学习》这个题目更为精细的解读而表达的：这并非是所有人可以获得的终身学习，而是向所有人提出要求的终身学习)。A. 梅塞施密特(A. Messerschmidt)(2011, p. 18)已经把这个转变——她描述其为某种"教育义务"(Bildungspflicht)的浮现——和《里本斯战略规划》(Lisbon Strategy)①联系起来，并且强调，随着对"Bildung"的义务的出现，成人教育的一个关键特征，即参与的自发性，已经消失了。在我看来她是对的。

我已经在别处 (Biesta, 2006c, pp. 175－176) 论述过我们可以把这个转变看成是权利和义务的颠倒，因为在终身教育"范式"下，个体有权利要求得到终身教育，国家有义务为此提供资源和机会，而在终身学习"范式"下，个体已经以贯穿一生的学习的义务而终结。一个有说服力的例子就是，在英国及其他英语国家终身学习政策中"难以触及的学习者"这一个概念的出现(Brackertz, 2007)，意思是在社会关注无望的地区，仍然存在一些拒绝履行他们的学习义务的人。

从这一点，我们可以开始看到学习政治如何运作。这里有许多层面。学习政治的一个关键维度是把政治问题转化为学习问题的增长趋

① 《里斯本战略规划》是欧盟发起于 2000 年的一个行动与发展计划的名称，其目的在于使得欧盟成为世界上最具竞争力和活力的知识经济体，从而能够有可持续的经济生长、更多更好的工作和更强的社会凝聚力。它还通过所谓博洛尼亚进程，对成员国的教育也有重要的影响，从而使欧盟成员国的高等教育趋于一致。

势，因此把对付这些问题的责任从国家和集体的层面转移到个体的层面。我们可以从终身学习的经济依据的形成中，以及从个体在不停骤变的全球市场中为保持自己的就业力而负责的事实中（而不是提出问题，即为什么这样的市场首先应该凌驾于经济和社会政治生活），看到这一点。这个议题完全从个体的适应和调整问题来界定——当成一个学习的事情——而不是当成一个有关结构性的问题和集体性的责任。

但是，压力不仅仅只是来自外面，它还来自内心。这和把终身学习者认同的"建构"视为福柯式的"管治"过程有关。在此过程中，个体首先辨识终身学习的要求，然后内化它。结果，他们不仅因为外来压力而成为"永久性的学习主体"（Field，2000，p.35），而且实际上他们感到一种以这种方式建构自我和为人处世的内在"需求"。(Forneck & Wrana，2005；Fejes，2006；Biesta，2006c)如此，学习变得"压力蕴藏其中"，而不是"财富蕴藏其中"，以至于我们对学习的表面意愿，壮大了学习政治。(Simons & Masschelein，2009)

学习政治也运作于从终身教育的民主兴趣，转向终身学习对社会凝聚与融合的强调中。此处的部分问题在于——简单但是关键的一个问题———一个有凝聚力的社会并不必然或自动是一个民主社会。而且，社会融合与凝聚的观念始终会带出的相关问题包括：谁需要被融合？融合什么？和谁凝聚在一起？并且，谁获得准许设置议题，以及界定融合与凝聚的用语？（Biesta，2010b，第6章）终身学习再次被推进，以便通过适应和调整的过程促进融合与凝聚力，恰恰和我们所看到的为了经济的"要求"所做的适应和调整相似。

学习的自然化，是我想强调的学习政治的第四个方面，也就是说，把学习完全看成是一种自然现象——就好像呼吸和消化一样。学习的自然化建议把学习单纯看成生物意义上的"组成"部分，并且越来越成为神经意义上的"组成"部分，因而成为人不得不做的事情——我们不能不做的事情——这导致一种滑坡谬误逻辑：(1)学习首先被等同于生存；(2)然后必然成为一个终身过程，(3)接着移向正常人类都能学习的断言；(4)然后又简单地滑向每个正常人都应该学习的提议；(5)最终得出的结论是如果你不想学习并且拒绝学习者身份认同，那么你是有问题的。

突出学习政治的这些方面——即通过学习观念和学习语言及话语而从事的政治性操作——并不是否定学习有一些好的方面(尽管恰恰由于上面概括出的问题，我对此越来越悲观)，而是意识到学习语言，作为一种个体性的和个体化的语言，作为一种过程性的而非实质性语言，并不是一种简单的语言，而是对于我们是什么样的以及我们如何存在，施加强大影响的一种语言，一种倾向于驯化而不是解放的语言。但是如果的确这样，对此抵抗的机会是什么样的？学习可能将不得不担当些什么角色？现在让我转向这些重要的问题。

学习的去自然化是学习的再政治化；学习的再政治化要求学习的去自然化

如果学习政治能够运作的某些方式，源于学习是一个自然过程和自然现象的提议，那么要揭示通过学习而运作的政治操作就是让学习去自然化，也就是说，突出我们所说的学习具有的人为方面的本质。让学习观念去自然化的一个方式是承认"学习"是一个评价性概念，而不是一个描述性概念。如果我们始于学习的广为接受的定义，即学习是多多少少持久性的变化，而且这种变化不是源于成熟，我们可以看到，当我们使用"学习"一词时——比如在这样的句子中"约翰已经学会骑自行车了"或者"玛丽已经学会热力学定律了"——那么，与其说我们在描述变化，不如说我们在对变化做一个判断。重点在于当我们更仔细地观察约翰时，我们也许能发现好多事情都发生了变化。我们之所以会把其中的一些变化视为"学习"，其他变化仅仅是"变化"是因为我们评价这些变化——或者是积极地评价，比如我们为玛丽学会骑自行车而自豪，或者消极地评价，比如约翰在这一过程中养成一些坏习惯——而且因为我们有理由相信，至少在某种程度上，这些变化是我们和环境互动的结果，而不是成熟了的后果。

这表明"学习"是一个表达判断的用语，暗示当我们使用学习一词的时候，与其说我们是描述一个事实，不如说我们在评价一个事件。（因此，我们可以说学习不是一个名词。）那么，正是这种判断，使变化构成学习。把"学习"看成一个评价性词语可能是让学习去自然化的有效方法，因为，当"学习"一词每次使用时，它不仅使我们问我们在做哪一种判断——也就是说，辨识个别变化为学习的原因是什么——而且它使我们问是谁参与到做判断的过程中；换句话说，谁声称有权力把某种变化界定为学习（而其他变化"只是"变化而已）。

让学习观念去自然化的另一种方法，可以是通过拒绝接受学习者身份认同，从而揭示这个身份不是不可避免的，而是可以拒绝的（Simons & Masschelein，2009）。这样的拒绝，能够揭示这样一个事实：把某人称为学习者实际上是一个非常具体的发明，这里会有声明认为一个被称为学习者的人缺少些什么，或还没有完善或能力不够，因此需要参与到进一步的"学习活动"中。在一些具体的情况下，有这样的假定是完全合理的——比如假如一个人有一个明确的意愿去掌握某一种技能或获得某种知识或理解——那么，保持仅限于这种情况下的学习者身份是重要的，把这种身份看成是实用的、受时间约束的和情境约束的选择，而不是事物的自然状态是重要的。进一步说，在某些情况下，拒绝学习者身份实际上会有政治上的重要性，特别是在上面提到的一些情况中，学习者身份被用来增加个体的任务、要求和义务，而这些应该是集体性的责任。拒绝学习者身份，断言在一些情况下实际上没有什么要学习的——比如一个人可以以公民的身份说话而不需要首先必须学习"恰当地"说意味着什么（见下文；另见 Biesta，2011b）——并不是公开谴责学习的重要性，而是让学习去自然化，以便让学习政治化，从而让选择、政治和权力得以显现。因此，拒绝学习者身份，是既暴露又反对正在发生影响的学习政治。

•••••

无须学习的解放？

如果理解了我目前为止呈现的思想，那么在这一章的最后一步，我想把这些思想与困难的且重要的解放议题联系起来。别忘了，我们讨论的情况是学习已经在很大程度上成为一个驯化的工具——如果不把它称为一个钝化（stultification）的工具的话（我们应该感谢朗西埃的翻译者使用的这个美丽词语，Rancière，1991a），那么对于（我们）教育者来说，重要的问题是，我们是否依然能够设想关于解放的机会，并且更具体地说，是否依然能够设想关于"无须学习的解放"的机会。在我看来，有两个作者已经对这个挑战做出了重要贡献——一个是米歇尔·福柯，另一个是雅克·朗西埃（Jacques Rancière）。在本章的后面部分，我将仅限于呈现福柯的思想，将其作为一个例子来理解无须学习的解放。我会在第五章专注于朗西埃。那么在这一部分，让我先陈述一下在有关解放的"现代"理解中，学习所充当的角色，以便在下一部分看看在福柯的协助下，我们能否设想无须学习的解放。

解放需要学习的观念，部分来自启蒙运动和伊曼努尔·康德的观念，即如果我们有勇气利用我们的理性力量的话，那么我们可以避开或征服我们的不成熟——避开或征服我们依赖别人而做决定的状态。然而，解放和学习的联系能更明显地在马克思主义的观念中看到，就是说，为了从权力的压迫运作中解放我们自己，我们需要揭露权力是如何运行的。马克思传统对这个基本思想所添加的——这些反过来强烈影响了批判教育学和解放教育学——是意识形态这一观念。其观点为：所有思想都是社会性地决定的，而意识形态思想又否认这种决定。"意识形态的困境"在于这样的观点：恰恰因为权力在我们意识上运作的方式，使我们不能看到权力怎么运作于我们的意识。（我会在下一章具体讨论这点。)这不仅意味着为了让我们自己从权力的操作下获得自由,我们需要揭露权力是怎么运作在我们的意识上的。这也意味着,为了让我们获得解放,另一些不受制于权力操控的人,需要为我们提供对我们的客观条件的描述。所以,根据这一思路,解放最终会取决于我们客观条件的真理,而这样的真理只能由身处意识形态之外的人生产出来。

解放"逻辑"在教育学上的"转化"基本上采取两种形式:一种可以描述为独白式的,另一种可以描述为对话式的。独白式的路径是上面概括的思想的转化。它依赖的前提是:解放需要来自外界的干预;而且实施这种干预的人不受制于所要征服的权力。如此,解放看起来是(一些人)针对某些人做的事情,因而依赖于解放者与被解放者之间的一个根本性的不平等。在这样的陈述中,平等成为解放的结果;平等也成为存在于未来的事物。而且,正是这个结果被用来合理化解放者的干预行为。这就是解放教育的"逻辑"——这个逻辑也可以被称为"殖民式的"(Andreotti,2011)——其中,教师为知者,而学生为无知者;对学生解释世界正是教师的任务,而最终让自己和教师一样有见识是学生的任务。在这个体系里,学生有一个清晰的学习任务;这个任务基本上是复制性的,因为它的目的在于获取教师—解放者的深刻见解和理解。

正是保罗·弗莱雷提供了一种对话式的路径,在这种方式中,解放不再被视为一个由教师—解放者讲述真理的过程——即弗莱雷所谓"存储式教育"概念——而是成为一种对压迫结构、过程和实践的集体发觉(collective discovery)的过程，一个教师和学生被定位为"合作主体"(co-subjects)的过程。(Freire，1972，p. 135)弗莱雷把压迫描述为这样的情境，即个体与世界分离，并且个体以压迫者的行动的客体而

存在，而不是以他们自己行动的主体而存在。如此，压迫被理解为一个"去人性化"的过程，而这发生在人们在"行动中存在"的方式被破坏或被压迫的时候。因此解放旨在恢复人类和世界的联系；或者，用弗莱雷的话语说：恢复实践。在这个过程中，教师的角色是再度发起对话和反思实践，反过来重新发起行动，并且把人们重新和世界连接起来。对弗莱雷而言，解放也使学习参与进来——也许多于"存储式教育"的解放里包含的学习，它是一个持续的并且在某种意义上是终身的过程。尽管这种学习仍然有朝向真理的导向，但是，这种学习不是复制性的，而是建构性的或促生性的。不像在独白式的解放教育中那样，这种模式不是由教师给学生关于客观条件的真理——其前设为学生自己不能获得这种真理。

举例：福柯和越界实践

尽管我已经揭示真理在独白式和对话式的路径中占据不同的位置，但二者最终都依赖于真理的可能性，更具体说，即没有被权力损坏的真理。在独白式路径中，这一真理是从教师那里学习的(因此是由教师给予的)；在对话式的路径中，这一真理是通过一个集体学习过程而发觉的。二者依赖未被权力损坏的真理这一事实，在独白式路径中涉及

的是把解放看成是克服意识形态的扭曲。此处解放运作为一个"去神秘化"的过程。在对话式的路径中，解放是一个恢复真正人类存在的过程——或者用弗莱雷的语言：真正的人类实践。在两种情况中，都需要真理来克服异化，不管是由虚假意识产生的异化，还是由压迫造成的异化。为了能让真理从事这样的"工作"，其前设必须是真理与权力之间有一个根本区别——并且人们甚至可以论证这个区别对现代的启蒙运动计划是奠基性的（Habermas，1990），而我们可以从"对权力讲真理"的思想中找到相关证据。

　　挑战这个前设的作者正是米歇尔·福柯。他论述权力和知识从来不是分开各自发生的，而总是一起发生的，而且这可以表达为"权力/知识"。这就是为什么他表示我们应该放弃"整个既有传统，即我们想象知识只能在权力关系被悬置的地方存在"（Foucault，1975，p.27）——而这一传统构成了独白式和对话式解放取径的基础。但是，论证我们必须放弃这一特定传统，并不表示不再有可能有变化了。它其实是强调我们始终是在权力/知识的"排列布局"之中——也就是权力/知识对权力/知识的"排列布局"——而不是知识对权力或者权力对知识的布局。因此，放弃那一传统，还会存在行动、变化和评论的潜力，但是我们必须从根本不同于"解放是逃离权力"的观念来理解这一点。

　　福柯同意像康德一样的启蒙思想家的观点，认为批评"由分析和反思限度构成"。（Foucault，1984，p.45)但是"如果康德式问题是知道知识有什么限度从而放弃越界行为（……），那么如今的关键问题必须转回为一个积极的问题：在一个既定的被视为通用的、必要的和依法履行义务的世界，那些独特的、意外的东西以及由武断限制而带来的结果，占据何等位置?"在他的一些著作中，福柯已经把这个路径称为"事件化"。(Foucault，1991，p. 76)事件化"意思是在诱发我们引出一个历史性常量、一个直接的人类学特征，以及把某一种显著性整齐划一地施加于所有事物的地方，让独特性得以显现"。(同上)①事件化"通过围绕一个事件而建构的方式运行，是智能的一个'多边形'或者，更是一个'多面体'，其多面的数量并没有提前给予，并且从未正当地认为那些数量是有限的"。(同上，p. 77)因此，事件化意味着把我们对事件本身、事件的要素、事件的关系以及对事件的参照领域的理解，加以复杂化和多样化。

因此事件化并不导致更深入的理解，即对深层的结构和原因的理解；从这方面来讲，它恰恰不会产生那样一种知识，即让我们从那些结构和原因运作中解放自己的知识。但是福柯坚定地认为这并不意味着这样的分析没有作用。因此他论述，事件化没有产生关于"接下来会做什么"的建议或指南或指令。但是，它能带来的是一种情境，人们在其中"'不再明白他们的所作所为了'，以便行动、姿态和话语都变成有问题的、困难的和危险的，而这些(行动、姿态和话语)在此之前似乎都是不言自明的"。因此福柯论述，这个效果完全是故意的。所以，事件化不会导致关于权力如何运作的更深层和更真实的理解——它只是

---

① 我在这一章前面部分力图处理的"学习"概念，恰恰可以用这种方法来理解。

力图搅乱所有想当然的事物——它的目的也不是给行动生产一些处方。因此这种分析不是打算解决问题；它不是意在提供给"社工"或"改革者"的那类知识，而是意在给行动的主体的一种知识。正如福柯所解释的：

> 评论并非一定是走向结论的演绎推理的前提：这样的话它就是"接下来需要做什么"了。它应该是那些战斗的人，那些抵制和拒绝现存现象的人的一种工具。它的用处应该在冲突和对抗的过程中，在被拒绝的尝试中。它不必为了法律而制定法律。它不是制订计划的舞台。它是指向现存事物的挑战。（同上，p. 84）

福柯没有把解放看成是从权力中挣脱，而是把解放看成"以可能的越界为形式的实践性评论"。（Foucault，1984，p. 45，下圆点为作者所加)越界的批判性评论并不打算克服界限。（这特别是因为界限不仅限制某事物，而且也使某事物可行，Simmons，1995，p. 69)越界是一种实践性和实验性的"界限启示"（Foucault，1977，pp. 33－38；Boyne 1990）——比如在否决学习的存在，或者否决学习与我们有无所不在的关系，或者否决我们与学习有无所不在的关系等过程中，我们力图探寻我们可以走多远。

如此看来，福柯否决现代启蒙运动的根本区分，即否决真理和权力的区分。但这并不暗示解放之可能性的终结以及评论之可能性的终结，而是让解放从基于真理的努力——或者是由教师—解放者给予的真理，或者通过集体学习而发觉的真理——成为越界的实践性任务。越界意味着以不同的方式来做事，从而揭示——或者福柯会说，证明——事物可以是不同的；而事物存在的方式，并不是事物必然应该存在的方式，也就是说，我们也可以不必是终身学习者。如此，越界的解放性潜能位于这样一种可能性中，即不再是、不再做和不再思考我们目前存在的状态、我们所做的和我们所想的——而恰恰在这个意义上，福柯表示："它试图给……自由的未界定的工作以一种新动力。"（Foucault，1984，p. 46）

在福柯的协助下，我们能够开始看到对解放的不同理解和不同路径的轮廓，其中解放不再是通过去神秘化而从权力中脱离，而是成为一个越界的实践——不同权力/知识格局的实践性对峙——从而揭示事物不必非得是它们当前的状态。相对于此，批判性的工作会开展起来，但是它不是一个去神秘化的过程，也不是一个向权力言说真理的过程，而是一个事件化的过程，也就是使真理多元化的过程。这也意味着，学习在解放中的角色成为一个极其不同的角色，而这一点对于我们的讨论非常重要。从某种意义上讲，我们可以说如果我们同意福柯，那么就不会再有什么可学习的了，至少如果我们把学习视为解放的条件的话。更准确地说，关于我们的客观条件，没有什么可学习的，因为如果我们同意福柯，我们必须放弃我们能区分客观条件和对这个客观条件歪曲理解的观念。同样，我们关于真正的人类存在，也不会再有什么可学的，因为如果我们同意福柯，我们必须放弃有一个唯一真正的人类存在的观念——实际上有许多，这并不意味着它们有相同的价值和重要性，也不意味着人类存在没有多种限制。

因此，不会再存有观点认为某种揭露真相的学习终将导致解放。但这并不意味着从越界和多元化中获取不到任何东西，只要我们记着这些过程本身不是被学习所驱动的。恰恰是越界实践和多元化首先发生，然后我们才从对这些解放实验的参与中获取东西(至于我们如何以此做什么则是另一回事)。在这个意义上，福柯的路径的确表示学习和解放的一种另类联系——而且有人可能会说，既然对福柯而言，自由工作没有界定，那么这一过程永远不会结束，因而在这个意义上，解放是一个终身挑战(和弗莱雷的想法类似，但出于不同的用语)，自由也不是我们能够到达的一个点或一个状态。

结论

在本章中，我已经力图提出一些关于"学习"概念、"学习"语言和"学习"话语的批判性问题。面对教育者、教育学家和寻找更好方法力求变革的人士等，我的目的是让他们不再对学习的积极的(如果不是热烈的)感情习以为常。我揭示了通过这个概念而运行的政治"操作"，特别是这样一种政治操作，即它使我们保持原地不动，并且驯化了我们，同时愚化了我们，而不是帮助我们以不同的方式行动，或者让我们有所不同。首先，我是通过以下方式来展开这项工作的：揭示在教育环境下"学习语言"造成的问题，并强调学习语言，可以说，有让教育之所以是教育的层面变模糊的倾向。当我们用个体性和个体化过程的学

76

习语言讨论教育的时候，我特别强调了关于内容、目的和关系的问题是怎么很容易地消失于我们的视野中的。通过讨论终身学习领域中的转型问题，我力图强调许多政治运作是怎么恰恰通过"学习"观念而开展的，而且，甚至终身"学习"领域的建构，都已成为学习政治运作的范例。在这样的背景下，我已经表示有中止学习政治的必要性。

开展这一中断的起点，是抵抗这样一种论调，即认为学习是一种自然过程，因而是一些单纯"发生"的事物——好像超越了我们的控制。另外，我已经强调过拒绝学习者身份的重要性——并且更具体点是终身学习者身份——这种拒绝同时能够暴露和反对学习政治的运作。在最后一步中，我已经把这个和有关解放的讨论联系起来，为的是表明放弃学习观念并不意味着放弃解放观念本身。我已经运用福柯关于"解放作为越界"的观念，当作"无须学习的解放"看起来会是怎样的例子，并且揭示我对学习政治的评论本身，可以如何理解为一种越界的努力。这并不是——或者还不是——从整体上谴责学习的观念，因为我仍然对学习也可以为善而运行的可能性持有开放态度。此处关键的议题在于，我们学习不学习，我们接纳学习者身份还是不接纳，是否是由我们来决定的？还是我们只能受制于持续不断的学习要求，以及接受持续不断的把自己塑造为终身学习者的要求——也就是说我们是否只能屈服于学习的义务？换句话说，关键问题在于我们是否把无名的、形而上的权力加在了学习的观念上，还是我们是否抓牢这一权力，以便让学习按我们的意愿或强或弱——也就是说学习能为我们做些什么，而不是我们必须为学习做些什么——如果这个表达讲得通的话。

/5. 解放/

平等不是给予的，也不是依照权利而索取的；平等是实践出来的，是证实的。

——雅克·朗西埃

在这一章中，我会更细致地关注在我看来最为困难、当然也较为容易引起争论的一个教育问题。这个问题就是教育是否能够有助于人类主体的自由，如果能够，教育又如何来做出贡献。这就是关于解放的问题。虽然解放观念在教育思想史和实践史中有一个可观的历史——这一历史至少可追溯到启蒙运动时期——但是把教育和解放联结在一起的一个难点在于一个矛盾，这个矛盾是当我们把教育当成使人获得自由的"有力干预"时显现的。这样思考解放观念之后，不仅立刻产生解放者自身被赋予的力量的相关问题，而且产生对被解放者而言的所谓"宣称的不自由"的相关问题。另外，这种看法引起的问题还涉及"平等"所具有的角色和地位，因为解放观念作为一种"有力干预"，看起来依托于这样一种思想，即解放是一种不平等的关系转化为平等关系的过程——从而使得平等成为解放教育值得向往的"结果"。在这一章中，我探究教育中关于解放的历史，辨别出一些关键的矛盾，并且通过讨论雅克·朗西埃的著作，概括出一种不同的方法来对待教育中关于解放的主题。

解放的逻辑

解放观念在现代教育理论和实践中扮演了一个核心角色。许多教育者并没有把自己的工作仅限于改进或调整学生的行为。他们想让他们的学生走向独立而自主，能够从自己的角度思考问题，能够做出自己的判断，并且能够得出自己的结论。解放的动力在批判性传统和路径中非常突出，其中教育的目的被看成以社会公正和人类自由的名义，把学生从压迫的实践和压迫的结构中解放出来。（Gur Ze'ev，2005）因此，批判教育学传统的教育家论述认为，要带来解放，需要对权力运作进行解释，因为只有当一个人看到并理解权力如何运作时，才有可能处理其影响，并且在某种意义上逃脱它。因此，诸如"去神秘化"和"从说教中解放"的观念在批判教育学中具有核心角色。（Mollenhauer，1976，p. 67；McLaren，1997，p. 218；Biesta，1998；2005）因为这个教育传统认为，权力也运作在人们对自己身处的情境的理解上，所以在这个传统中有一个重要派别，论述解放只能"从外面"产生，也就是说，从一个没有被权力运作所侵蚀的立场产生。这一理路可以追溯到马克思主义的"意识形态"和"虚假意识"，并且在皮埃尔·布迪厄的"误识"

的概念中找到最近的表述。(Rancière，2003，pp. 165－202)因此，让批判教育者解放的"对象"看到他们所看不到的东西，成为批判教育者的任务。同样，使隐藏于日常所见背后的东西显露，成为批判性社会科学的任务。

郎西埃已经对解放的这一特别模式提出重要质疑。根据这个逻辑，有关这个世界"真正"是怎样的解释会带来解放，朗西埃则论证这个逻辑没有产生解放，反而带来一种对这种解放"逻辑"的根本性的依赖。这是因为被解放的人们依然依赖于解放者所揭示给他们的"真理"或"知识"。问题在于，正如他在《美学的政治学》(*The Politics of Aesthetics*)中说到的："在一个人在表象之下寻找被隐藏的东西的地方，（他作为）主人的立场也确立了。"(Rancière，2004，p. 49)在《无知的教师》(*The Ignorant Schoolmaster*)(Rancière，1991a)一书中，朗西埃非常细致地揭示了基于这个解放逻辑的教育实践会如何导致"钝化"(stultification)，而不是解放。在别的著作中，特别是在《哲学家和他的穷人们》(*The Philosopher and His Poor*)(Rancière，2003)中，他揭示依赖关系从某种意义说，总体上是西方哲学和社会理论的构成部分。朗西埃的贡献并不止于强调解放逻辑内在的矛盾。贯穿其职业生涯，他已经不懈地在阐明另一种路径了——一种理解和"从事"解放的不同方式。他运用一种旨在与他的解放思想一致的形式从事这一事业，因为他所写的正是一种力图避开主人立场的著作。郎西埃曾指出这是一种"地形学式的"的写作，从而阐明"一种平等或无政府主义的理论立场，而不是预设一个从高处到底处的垂直关系"。(Rancière，2004，pp. 49－50；

Rancière，2009）在这一章中，我从三个角度探讨朗西埃的解放思想：政治理论的角度、政治实践的角度和教育的角度。我以一个精简的解放思想史为开端，从而突出朗西埃试图寻求克服的冲突。

解放及其困境

解放概念可以追溯到罗马法，意指让儿子或妻子从法定的家长的权威中获得自由，即从一个家庭中的父亲的权威中获得自由。解放，按字面意思，指交出所有权（*ex*：away；*mancipium*：ownership）。更广义地说，它意味着放弃一个人对某人的权威。这意味着解放的"对象"，也就是被解放的人，因为解放的行动而变得独立和自由。这也反映在今天对这个词语的运用上面，即解放意味着让某人从另一个人的控制中解脱出来获得自由，特别指父母让出对未成年儿童的权威和控制这种形式。在17世纪解放概念的使用与宗教宽容的问题有关，在18世纪解放概念的使用与奴隶解放问题有关，在19世纪解放概念的使用与女性解放及工人解放问题有关。这一词语的罗马用法已经表明了与教育的关系，因为解放标志着（依赖家长的）儿童成为（独立的）成年人的时刻和过程。

解放观念的轨迹的一个关键转折出现在18世纪。那时候解放观念与启蒙运动交织在一起，而且启蒙被理解为一种解放的过程。我们可以从伊曼努尔·康德的论文《什么是启蒙运动？》（*What is Enlightenment?*）中，非常明显地看到这一点。在文中，他把启蒙定义为"人从自己引发的教导中的脱离"，并且把教导或不成熟视为"人没有别人的指导就没有能力运用自己的理解"。（Kant，1992，p. 90）康德写道："当不成熟的起因不是缺乏理性，而是不经他人指引就缺乏使用理性的决心和勇气的时候"，（同上）那么不成熟是自己给自己加上去的。如此，启蒙包含一种变得独立和自主的过程，而对康德而言，这个自主性基于人对自己理性的使用。康德在这个思想路线上进一步贡献了两个观念。第一，他论证"自由思考的倾向和愿望"不是视条件而定的和历史的可能性，而是应当理解为人性中固有的一部分；它是人的"终极命运"和"人的存在目的"。（Kant，1982，p. 701；原文为作者翻译）因此，阻碍启蒙的进程就是"对人性所犯的罪行"。（Kant，1992，p. 93）第二，为了让这一"能力"出现，我们需要教育。在康德看来，人只有"通过教育"才能成为人——一个理性自主的存在。（Kant，1982，p. 699；原文为作者翻译）

康德的观点明显给我们呈现出一套彼此相扣的观念，成为现代教育思想的中心，并且对现代教育实践具有重要影响。康德认为在不成熟的人和成熟的人之间有一个根本的区别，而这个区别又描绘在儿童与成人的区别中。他用理性界定成熟——（正当）使用人的理性——并且把理性看成是独立和自主的基础。教育又被看作从不成熟到成熟转化的"杠杆"，而这反过来意味着教育与自由问题有紧密的联系。所有这些都被康德总结在他的一个表述中："我如何通过强迫来培养自由？"（Kant，1982，p. 711；原文为作者翻译），即大家从文献中都知道的教育悖论。

从这一点出发，我们可以沿着两条相关的线索回溯解放观念的产生：一条是教育线索，另一条是哲学线索。教育不是让个体嵌入既有秩序，而是包含向自主性和自由而发展的导向；这一观念在 19 世纪末和 20 世纪初的德国，在教育成为一门学科的建立过程中扮演了重要角色。(Tenorth, 2008；Biesta, 2011a)另外，在 20 世纪的前十个年头，在世界众多国家出现的"改革教育""新教育"和"进步主义教育"中，这个观念也是一个核心元素。在大多数论述中，对"适应"观念进行的反驳，常常表达为了儿童的论证。许多教育学家遵循卢梭的见解，认为儿童对外在社会秩序的适应会侵蚀掉儿童。然而，这导致的观念是：为了儿童所采取的选择只能意味着是反社会的选择。这一点进一步被许多理论所支持；这些理论把儿童视为一种自然类型，一种"想当然"，而不是必须从社会、历史和政治角度来理解的对象。

教育涉及对个体儿童的解放这一观念，在教育作为一门学科的建立过程中发挥了一个重要作用，但是当这一路径可以被任何意识形态制度(包括纳粹主义和法西斯主义)所采用时，这一观点的局限性就极其明显了。因此，第二次世界大战之后，教育学家——首先是在德国——开始论述没有广大社会的变化，就没有个体的解放。这一观点成为对教育采取的批判性路径的基本原则。在德国，克劳斯·莫伦豪尔(Klaus Mollenhauer)做了主要的贡献，而他的批判—解放方法，来自于尔根·哈贝马斯(Jürgen Habermas) (Mollenhauer, 1976)(早期)的著作。20 年之后，类似的一批著作出现在北美，特别是来自迈克尔·阿普尔(Michael Apple)、亨利·吉鲁(Henry Giroux)和彼得·麦克拉伦(Peter McLaren)的贡献，但是其前身为约翰·杜威、乔治·康茨、彼得·麦克拉伦和保罗·弗莱雷的著作。作为一个教育理论，批判教育学的解放关注，集中在对压迫结构、压迫实践和压迫理论的分析上。其关键思想为，如果人们充分洞察出构成他们处境的权力关系——因而，如前面所言，"去神秘化"在批判性教育学中具有核心角色——那么解放就能够产生。

恰恰是在此处，我可以把教育中解放观念的历史和更加广泛的哲学讨论联系起来，至少这个历史是马克思主义和新马克思主义哲学的一部分。毕竟，它是这个传统的主要洞见，即为了让我们自己从权力的压迫运作中得到自由，并且获得解放，我们首先需要揭露权力是怎么运作的。就这一见解而言，马克思传统所补充的——而这反过来影响了批判教育学和解放教育学——正是意识形态观念。尽管有关这个概念的具体意义的问题，是一个持续讨论的话题(Eagleton，2007)，但是在意识形态概念中表达的一个至关重要的洞见认为，不仅所有思想都是社会性地决定的——遵循了卡尔·马克思的名言："不是人的意识决定他们的存在，恰恰相反，是他们的社会存在决定他们的意识"(Marx，引自 Eagleton，2007，p. 80)——而且更重要的是，这个洞见认为意识形态是"否定这种决定"的思想。(同上，p. 89)后一个观点与弗里德里希·恩格斯的虚假意识概念相连，即"推动能动者的真正动机对能动者本人而言依然无从知晓"。(Engels，引自 Eagleton，2007，p. 89)意识形态的僵局在于，正是由于权力运作在我们的意识上，我们没有能力看到权力怎么运作于我们的意识上。这不仅意味着为了让

82

我们从权力的运作中获得自由，我们需要揭露权力是如何运行在我们的意识上的。它也意味着为了让我们获得解放，那些意识不受制于权力运作的局外人，需要为我们提供有关我们的客观条件的描述。根据这个逻辑，解放最终视有关客观条件的真理而定，而这样的真理只能被一些立足于意识形态影响之外的人产生出来——并且按照马克思主义传统，这个立场被认为或者由科学占据或者由哲学占据。

以上关于解放在哲学领域和教育学领域出现的简明叙述，揭示了解放观念的某种"逻辑"轮廓，以及解放观念被构想和理解的某种方式。这个逻辑体现在几个方面。一个方面解放要求从"外面"提供一个干预；此外，这个干预指向需要克服的权力，而且是由某些不受制于这种权力的人发起的。这不仅揭示了解放可理解为给别人做的事情。这还揭示了解放观念的基础是解放者和被解放者之间的根本性的不平等。平等在这个意义上成为解放的结果；平等也成为未来的事物。而且，正是这个结果被用来合理合法化解放者实施的干预。尽管这个解放观或多或少地来自哲学思考，特别是围绕意识形态而言，但是也不难在这种陈述中看到某种教学法。在这种教学法中，教师已经有所知，而学生尚未知；在这种教学法中，教师的任务是给学生解释这个世界，学生的任务是最终要和老师一样有所知。因此，可以说，解放的逻辑也是某种教学法的逻辑。尽管这些观点大部分听起来都很熟悉——但是，这种解放的"逻辑"不是没有问题，或者更准确地说，它不是没有矛盾。

第一个矛盾是，尽管解放观念导向平等、独立和自由，但它实际上在解放"行动"的核心安置了依赖。毕竟，被解放者依赖解放者的干预，而这样的干预基于一种被解放者根本无法触及的知识。因此，没有干涉就没有解放。这的确引出这种依赖会在何时真正消失的问题。这种依赖是在解放一旦获得之后消失吗？还是被解放者应该永远感谢他或她的解放者给予的解放"礼物"？奴隶应该一直感谢他们的主人让他们获得自由吗？还是他们也许本该首先问问为什么他们被认为不是自由的？

当代的解放观念不仅基于依赖——它也基于解放者和被解放者之间的不平等。根据解放观念的现代逻辑，解放者是知道得更好和最好的人，是能够执行去神秘化行动的人，从而揭示权力的运作。根据解放观念的现代逻辑，解放者不仅占据优越的地位。为了这种优越性的存在，解放者实际上需要被解放者的低等地位。我们可以再问的问题是这种不平等将会在何时真正消失。毕竟，只要主人依然是主人，奴隶只能一直是一个先前的奴隶，或解放了的奴隶——但不是一个主人。换句话说，在这个解放逻辑中，奴隶总是落在后面。

在解放观念的现代逻辑中，第三个矛盾涉及的是这样一个事实：尽管解放的发生是出于被解放者的利益，但这样的解放观念是基于对被解放者经验的不信任和怀疑。毕竟，解放逻辑表明：我们不能真正相信我们所看到和所感到的，但是我们需要别人告诉我们，我们真正经历着什么，以及我们的问题真正是什么。换句话说，我们需要某些人，他们"揭开模糊事物的面纱"，"把模糊的深处提到清晰的表面，反过来，把浅层的错误表象带到理性的神秘深处"。（Rancière，2010，p. 4）我们可以提出的问题是，那些"等待"解放的人被告知关于他们自己、他们的状况和他们的问题的"真相"，这对他们来说会意味着什么？

这些矛盾不仅弥漫在解放观念的整个逻辑之中，而且也出现在这个逻辑在某种现代教学法里，或如朗西埃所说的在某种进步主义教学法里所呈现的方式中。(Rancière, 1991a, p. 121; Pelletier, 2009)我现在想转向朗西埃的著作，以便呈现他是怎么让这种对解放的特定理解变成一个问题的，他是怎么试图阐明一种不同的方法来理解和"做"解放的，以及首先质疑解放观念的。

84　解放、政治和民主

朗西埃在其著作《在政治的岸边》(*On the Shores of Politics*)中，把"解放"描述为"从一个少数派中逃离"。(Rancière, 1995, p. 48)尽管这可以解读为解放的一个正式定义——因为它指的是结束身在其中而不被看重的局面，但是"逃离"一词的使用，已经表示一种与上面所说的不一样的动力，因为它把解放和一个人的行动联系起来——这个人"取得了"解放，而不是把解放理解为向某人做的事情。朗西埃的确写道"除了靠他们自己的力量，没人会从社会少数派中逃离"。(同上)但是，解放不单纯是从少数派位置移向多数派位置。它不是从少数派会员向多数派会员的转变。解放包括一个"事物秩序的断裂"(Rancière, 2003, p. 219)——而且，这个断裂使主体的出现得以可能，更准确地说，是

一种主体出现的断裂。如此，解放可以理解为一种主体化^①。朗西埃
把主体化理解为"由身体的一系列行动和表达的能力而带来的产生
（production），而这种产生在经验领域中之前并没有被辨认出来，因
此，对这种产生的识别是重构经验领域的一部分"。（Rancière，1999，
p. 35）

这个定义中有两个重要的维度，它们彼此紧密勾连在一起。第一
个需要强调的维度是主体化的补充性本质（Ranciere，2003，pp. 224—
225）。朗西埃论述认为，主体化不同于辨认（identification）（Rancière，
1995，p. 37）。辨认涉及占有某种已存的身份，也就是一种存在和说话
的方式，以及可辨认和可见的方式，而它们在已有秩序中已经是可能
的了——或者，用朗西埃的用语——在已有的"可知觉的领地"或"可
感知的世界"（sensible world）之内已经是可能的了。（Rancière，2003，
p. 226）从另一方面讲，主体化总是"消除辨认，消除一个地位的自然
性"。（Rancière，1995，p. 36）主体化"书写出一个主体的名字，不同于
共同体中任何可辨别的部分"。（同上，p. 37）当朗西埃在这个语境中使
用"出现"这个概念时，如他所说，不是指"现实中那遮盖现实的幻影"。
（Rancière，2003，p. 224）主体化是关于"出现"的——如我在别处所说
的（Biesta，2006a）"显现"（coming into presence）——一种存在方式的出

85

---

①　朗西埃对主体化概念的使用和我在自己著作中对这一概念的拓展方式的确有相
似之处，而且，朗西埃和我对主体化问题的关注出于同样的原因也是实情，可是，他对
主体化进行理论化的方式，不同于我处理这个问题的方式，这特别体现在第一章中，虽
然他界定主体化概念的方式——即与作为秩序中的一员相对立，而在我的定义中，也就
是与社会化相对立——和我自己所做的定义是相同的。

现，而这种方式在事物的已有秩序中没有位置，也不是其中一部分。因此，主体化是对已有秩序的补充，因为它对这个秩序有所添加；而且恰恰是这个原因，这样的补充也划分了已有的秩序，划分已有的"可感知的分布"。(Rancière，2003，pp. 224－225)①于是主体化"重新界定了经验世界，那些经验曾赋予每一个身份以各自的份额"。(Ranciere，1995，p. 40)主体化"解构并重构怎么做、怎么存在和怎么说之间的关系，而这些关系界定着共同体的可感知的组织形式"。(同上)

主体化——这是第二点——因此是非常政治性的，因为它干预和重构事物的已有秩序，干预和重构已有的可感知的划分和分布，而此处"可感知的"是"能够被感官理解的事物"。(Rancière，2004，p. 85)为了能够捕捉到主体化的补充性本质，从而理解政治本身的补充性本质，朗西埃在政治概念内部区分了两个概念：治安或治安构序(police or police order)②和政治。③朗西埃把治安构序定义为"众多身体的一种秩序；它界定怎么做事、怎么存在和怎么言说的分配，并且认为那些身

---

① 此处，法语"partage"，既可以翻译为"划分"(division)，也可翻译为"分配"(distribution)。"分配"强调可感知世界的某种分配给每个事物以一个位置，而"划分"则强调主体化重新分配了可感知世界的分配格局，因而不仅是分配行为，而且是中断(interrupt)行为。

② police 和 police order 的翻译采用了张一兵在其文章中的表述。参见：张一兵《无分之分：治安构序逻辑断裂中生成的失序政治》，载《社会科学研究》，2013(1)。——译者注

③ 朗西埃有时用法语(但并不总是，也不总是一致地)做一个难以翻译的区分(而翻译者也不是总能连贯地发觉这点)，这就是"la politique"和"le politique"之间的区分。第一个词指的是普遍意义上的政治领域，而第二个词指的是治安构序中断的时刻("la police"和"l'ordre policier")。根据朗西埃，后者是政治的"恰当"观念，并且在他的多个著作中揭示，某种政治哲学以及某种形式的政治如何已经试图压制政治的"瞬间"。

体按名字而被分配了特定的地位和任务"。(Rancière，1999，p. 29）它是一种"可看到的和可言说的"秩序，而且视"某种特定的活动是可见的而另一种是不可见的，且把这种言说理解为话语，而另一种则是噪声"。(同上)治安构序不应该理解为国家系统安排社会生活的方式。用哈贝马斯的话说，它不是对生活世界的系统"控制"（Habermas，1987），而是包含二者。正如朗西埃所解释的："界定治安构序体制的地位分配和角色分配，既来自于社会关系的预想的假定性，也来自于国家功能的严苛性。"（Rancière，1999，p. 29)因此，与其说"治安构序"是"关于规训的、关于身体的"，不如说它是"治理它们(身体)的出现的一个规则，一种空间占据和空间属性的格局，而那些占据就分布在那些空间中"。(同上；下圆点为原著所加)。解读这个定义的一种方式是把它理解为一种全纳的秩序，其中每个人都有一个独特的地位、角色和立场；每个人都有一个身份。这并不是说每个人都包括在共同管理秩序的过程中，只是说没有人从秩序中被排除在外，毕竟，女人、儿童、奴隶和移民在雅典的民主体制中都有一个清晰的位置，也就是说，他们被认为是不允许参与政治决策的人。恰恰因为这一方面的原因，每个治安构序都是全纳的。

那么，"政治"指的就是"扰乱这种安排的某种行动模式"(Rancière，2003，p. 226)，而且这种行动以公平的名义，并且参照公平的理念而开展。于是，朗西埃预留"政治"这个词，用来表述"对抗治安构序的一种极其确定性的行动：所有与可感知格局断裂的行动。在此过程中，'社会的组成分子'和'部分'或'部分的缺失'借此通过一个假定来界定自身，而这个界定从定义上看，在原来的格局中并没有领地"。(Rancière，1999，pp. 29－30)这个断裂呈现在一系列的行动中；"在原有的空间中'社会的组成分子'、'部分'或'部分的缺失'等都已被界定过了"，而这些行动"重新布局那些空间"。(同上，p. 30)如此理解的政治活动是"让一个身体从其被分配的领地发生转移的任何行动……它让曾经因没有正当性而不被看到的一切得以看见，让曾经只为噪声而存在的地方得以有话语被听到"。(同上，p. 30)

> 政治活动始终是一种表达方式；它通过运用根本上不同的假设，消除治安构序中可感知的划分。这个假设是那些没有份额的部分所具有的假设，其本身最终呈现出已有秩序的纯粹偶然性，以及任何言说者和其他任何言说者之间的公平。(同上)

政治因而指的是两个"不同过程"相遇时发生的事件：治安构序过程和平等过程。(同上)后者涉及"一种假设，即任何一个言说者和每一个言说者之间的公平，以及对验证这种公平的关注。这一假设推动了一系列开放性的实践"。(同上)[1]

---

① 尽管朗西埃的著作给人的印象是他主要——或者也许唯一——关注相对于社会阶级的不公平问题，但是朗西埃对解放观念的格局绝不仅限于此。解放涉及证实任何言说者与其他任何言说者之间的平等。因此，异识总是涉及对"噪声"和"声音"二者界限的再分配，但并不是以承认政治的视角进行再分配，即那些有声音的人给那些至今被认为只能发"噪声"的人一个声音，而是，这样的再分配基于人们发出的是"声音"而不是"噪声"这么一个"简单"的论断之上。

对于朗西埃来说，以这种方式理解的政治，始终是一个民主政治。然而，民主不是"生活的一种管理或社会方式"——换句话说，它不是而且不能是治安构序的部分——但应该理解为"政治本身的制度"。(同上，p. 101)政治是民主的，并不是因为一系列制度，而是因为种种表达的模式；这些模式"让平等的逻辑与治安构序的逻辑遭遇"。(同上)因此我们可以说，民主是一种要求平等的"合法权利"。民主——或者更准确地说，民主的出现——因此并不仅仅是这样一种情境：即一个群体曾经被排除在政治领域之外，向前一步要求自己的权利。同时，民主又是对一个群体的创造，这样的群体拥有了一种之前并没有的身份。比如，民主行动可在 19 世纪的工人活动中被发觉；那些工人"建立起了工作关系的集体基础"，而之前则被视为"私人个体之间的无数关系产生的结果"。(同上，p. 30)如此，民主建立了新的政治身份；这些身份并不是已有秩序中的一部分，也不存在于已有的秩序中——恰恰在这个意义上，它是一个主体化的过程。或者正如朗西埃所言："民主是对和国家的或社会的组成分子不相符的主体的指称。"(同上，pp. 99－100)

这进一步意味着"人们出现的地方"就是"争论发起"的地方。(同上，p. 100)朗西埃强调，这个争论——恰恰是民主的正当"形式"——"不是社会的众多组成分子之间的利益或意见的对立"。(Rancière, 2003，p. 225)民主，他解释道：

既不是对社会的不同组成分子就其各自利益而进行意见征询，

也不是平等地施加于每个人身上的共同法律。赋予民主为"民主"这个名字的民众，既不是拥有国家主权的理想人群，也不是社会中的各组成分子的总量，甚至也不是这个社会中贫困和受难的部分。(同上)

政治争论是"关于对社会的组成分子的计算"的冲突。(Rancière, 1999, p. 100)它是"分配领地的治安构序逻辑和平均主义行动的政治逻辑"之间的争论。(同上)因此，政治"主要是关于共同舞台的存在问题的冲突，以及在这个舞台上呈现出的存在和身份的冲突"。(同上，pp. 26—27)因此，民主/政治的要素是异识(dissensus)而不是意见一致(consensus)。(Rancière, 2003, p. 226)但是，异识不是"利益或意见的对立。异识，是在一个确定的和可感知的世界内部产生一个认定事实，而这个认定事实与那个世界完全不同"。(同上)因此，正是在这个意义上，我们可以说，政治是创生性的和诗意的，因为它产生出主体性，而不是依赖于某一特定的政治主体性。但是，它不是创造"无中生有的主体"——政治，作为一种"主体化模式"是"通过改变按自然秩序界定的身份"而创造主体。(Rancière, 1999, p. 36)正是在这个意义上，朗西埃论述政治是美学，"因为它使得曾被排除在可感知领域之外的事物得以被看见，使得一直不能被听到的得以被听到"。(同上)

这就是为什么朗西埃强调一个政治主体"不是一个渐渐'意识'到自身、找到自己的声音、把自己的重要性施加于社会的这样一种群体"，因为把自身建立为一个主体并不是发生在政治"行动"之前，而是在政治行动中且通过政治行动而建立的。（同上，p. 40）朗西埃把一个政治主体描述为"一个操作者，而这个操作者联结和切断存在于一个确定经验中已有格局里的——也就是在治安构序中的分布网中的——不同地区、区域、身份、功能和能力，并且不管在那里已经刻写过什么样的平等，也不管刻写的痕迹有多么脆弱和短暂"。（同上）朗西埃为此举了珍妮·德鲁安（Jeanne Deroind）的例子。1849年，珍妮把自己呈现为一个立法选举的候选人，而她是不能参加这个选举的。通过这个行动"她在普选权中呈现出把女性排除在这种普选制度之外的矛盾"。（同上，p. 41）。恰恰是筹划了"治安构序逻辑和政治逻辑中的矛盾"，使得这个行为变为一个政治行动。它"把两个不相联结的事物带到一个关系中，使其成为两种秩序中无法比较的东西的比较尺度，而这产生了"自由中对平等的刻写，以及可见性中的新领域，从而得以进一步展现"。（同上，p. 42）因此，对朗西埃而言，政治并不是由权力关系构成的，而是由"不同世界之间的关系"构成的。（同上）

对于朗西埃来说，有一点是重要的，那就是政治的目的不是创造持续的混乱和中断。尽管朗西埃会坚持认为政治基本上是一个好的事物，这并不意味着治安构序一定就不好。尽管这一点在朗西埃的著作中并不明显——这意味着它很容易被忽略掉——他已经论述民主争论对治安构序具有一个积极效果，因为它们产生了"平等的刻写痕迹"（同上）——它们在（转变了的）治安构序中留下了痕迹。这就是为什么朗西埃强调"有一个更坏和更好的治安构序"。（同上，pp. 30—31）然而，更好的秩序不是那个"坚守想当然的社会的自然顺序或立法者的科学"——更好的秩序涉及"所有平等逻辑造成的违反和进入行为，大多都从自然逻辑中摇晃而出"。(同上，p. 31)朗西埃因此承认治安构序"能够产生各种各样的善，而某一种治安构序可能无限地好于另一个"。(同上)但是，治安构序是否"惬意和善良"，都不能使其与政治少一点对立。这也意味着对朗西埃而言，政治是非常稀缺的——或正如他在《在政治的岸边》中所说的那样，因此民主只能是"零星的"。(Rancière，1995，p. 41)由于政治是因治安构序的中断而造就的，它永远不会成为治安构序。政治"始终是地方性和偶然性的"，而这就是为什么"它的消失完全是真实的，且能够描绘其未来的政治科学不会再存在；能存在的只是一种政治伦理学，它使政治的存在完全成为人的意愿的对象"。(Rancière，1999，p. 139)

不难看到，平等观念弥漫在朗西埃谈论的政治、民主和解放的所有事物中。朗西埃的立场中最重要的地方在于，他并不认为平等是必须通过政治而取得的事物。对朗西埃而言，民主不代表一种我们都变得平等的情境，解放也不是我们从不平等走向平等，即我们克服不平等而变得平等的过程。对朗西埃而言，平等不是一个需要通过政治或其他方式取得的目标。平等，正如他说所的，"是一个假设，一个原初的公理——或者它什么也不是"。(Rancière，2003，p. 223)。我们所能做的——且在某种意义上说，推动政治或使得某事政治化的事物——是验证或证实在具体情境中关于平等的假设。朗西埃解释说，使得某个行动具有政治性，"并不是这个行动的目标或者这个行动执行的地方使其具有政治性，而纯粹是其形式使其具有政治性；在这个形式之中，平等的确认被刻写在一场争论的引起中，刻写在一个只有通过划分才能存在的共同体的建立过程中"。（同上）这意味着任何事情本身都不是政治性的。但是，"任何事情如果导致两种逻辑的相逢"（同上），它都可能变得具有政治性。"它（平等）仅仅是一个在应用它的实践之内，需要被辨别的假设。"（同上，p. 33）但是，只有当平等"在一个独特的争端案例的具体形式中被执行时"（Rancière，2004，p. 52），它才能够产生政治，然后，"一个具体的主体得以构成，而且相对于已计算出的社会中群体、领地和功能的数量而言，它是一个定额以外的主体"。（同上）

解放的实践

如果"传统的"解放起始于不平等的前提，并把解放视为使某人获得平等的行动，并且是通过来自外部的"强力"干预所取得的，那么朗西埃把解放视为人们为自己而做的事情。因此，他们不必等到有人给他们解释他们的客观条件。解放"仅仅"意味着在有关平等的假设——或"公理"——的基础上行动。在这个意义上，它是一种"对平等的验证"。（Rancière，1995，p. 45）朗西埃给理解解放的传统方式不只带来翻转——那种方式依然接受阐述解放问题所用的方式的合理合法性，即它起始于需要被克服的不平等——他还替换了解放的"词语"并且提出了新的问题和新的答案。

他在《劳工之夜》（*The Nights of Labor* ）（Rancière，1991b）这本著

作中提出的观点是，工人阶级的解放既不是科学思想输入——即关于他们客观条件的知识——工人的世界，也不是对工人文化的肯定。工人阶级的解放是"分配思想特权给一些人和分配生产任务给另一些人这一传统分工的断裂"。(Rancière，2003，p. 219) 朗西埃于是揭示，法国工人"在 19 世纪创办了报纸和团体，还写诗，或加入乌托邦组织，声称具有完全言说和思考的身份"。(同上) 他们的解放因而基于"越界的愿望……行动，就好像知识平等确实是真实的和奏效的一样"。(同上) 朗西埃论述工人们的行动与传统上对解放的理解是不同的。他从"解放的三段论"来解释这点。(Rancière，1995，p. 45) 这个三段论的大前提是"所有法国人在法律面前都是平等的"。(同上) 小前提则来源于直接经验，比如巴黎的裁缝持续罢工，因为就报酬而言，他们受到不公平的待遇。因此，此处有一个真正的矛盾。但是，如朗西埃所言，这个矛盾可用两种方式来理解。第一种是"我们已经习以为常"的方式，即"法律/政治用语是虚假的，其所宣称的平等仅仅是外表，用来掩盖不平等的现实"。(同上，p. 46)"如此也就推断出去神秘化的原因。"(同上，p. 47) 但是，工人们通过认真对待这个三段论的大前提而做出另一种选择。1833 年裁缝们的罢工表现为一个逻辑事实的形式。而从他们的罢工中不得不呈现出来的，恰恰是平等。

　　朗西埃在写这个事件的时候，发现裁缝们的一个要求"看起来很奇怪"，因为它是一个"向主人提出的'平等关系'"的请求。(同上，pp. 47—48) 他们通过这个事件所做的事情，不是否决或试图克服存在于他们和其主人之间的经济依赖的关系。但是，通过声称享有对一种不同关系的权利，一种法律上平等的关系——通过使经济不平等的世界与法律平等的世界遭遇——他们生产出"一种不同的社会现实，一种基于平等之上的社会现实"，正如朗西埃所说的那样。（同上，p. 48）此处最为重要的是——这也是我为何会聚焦在这个案例的细节上的缘由——在这个案例中，解放不是关于克服经济不平等，而是由建立一个新的社会关系所形成的，而在这个案例中的这个关系中，工人和其主人之间的协商成为他们关系中的一个惯例性的要素。朗西埃如下总结了此处的关键所在：

> 社会平等既不是一个简单的法律/政治平等，也不是一个力图在经济上获得平等的行动。这是一种作为潜力的平等，受到法律/政治文本的保护，然后在日常生活中转化、替代并扩大化。它也并不完全是平等：它也是在平等和不平等的关系中获得出路的方式，一种在这种关系中生活但同时又替代这种关系的方式。（同上）

因此，此处的解放，不是"使劳动成为新社会的基本原则"这样的事情。此处的解放是指工人从他们的少数人身份中显现，"并且证明他们的确属于社会，他们的确在一个共同的空间和所有人沟通"。（同上）换句话说，他们通过他们的行动，证明"他们不仅仅是有需要、有抱怨和有反抗的生物，而且也是有话语和理性的生物，他们能够将原因与原因对立起来，并赋予他们的行动以公开表达的方式"。（同上）正如朗西埃在这个语境下为其冠名的，"自我解放"因而是"在一个共同世界中的联合共享者的自我肯定"。(同上，p.49)朗西埃补充道："证明一个人是对的，从不会迫使别人承认他们自己是错的。"(同上) 因此，"共享意义的空间"并不是一个意见一致的空间，而是一个意见不同和越界的空间。它是一种向着共同世界的"强行进入"。这不仅意味着对平等的要求，"如果对自身的空间不加界定，就永远不会让别人听到"。(同上，p.50)这还意味着这个对平等的要求必须加以阐释，"好像别人始终会理解(自己的)论述"。(同上)朗西埃警告说那些在总体上说别人不能理解他们、和他们没有共同语言的人，"失去了被别人识别的权利基础"。(同上)这就是为什么"解放的狭窄路径"是从"对不同世界的接受"和"意见一致的假象"中经过的，但它不是两种选择中的任何一种。

朗西埃于是做出结论，在这个"解放的新观念"的核心，有一个"智能方面的平等，它是可理解度和共同体所共有的前提条件，是每个人必须努力依靠自己使之生效的假定"。(同上，p.55)"民主的人"——政治主体(political subject)或政治的主体(subject of politics)——因此是"一个言说的存在"，并且在这个意义上，它是一个"诗意的存在"。(同上，p.51)朗西埃补充道，这种民主的人能够接受"文字与事物之间的距离，而这不是欺骗，也不是虚假，而是人性"。(同上)民主的人能够接受朗西埃所说的"呈现的不真实"，意思就是说接受平等观念的不真实，以及语言的随意性。然而，说平等不真实，并不是说它是虚幻的——恰恰是此处，朗西埃阐释了一个立场，即不再依赖于去神秘化的需求。他论述说，我们必须始于平等——"宣称平等，假设平等是既定事实，从平等开始工作，试图践行出平等可以怎么有效力"——目的是扩大"所有可能的自由和平等"。(同上，pp.51－52)不是以此为出发点而是以不信任为出发点的人，并且"假定不平等而建议减少之"，最后只能完结于建立"不平等的等级……并且产生无止境的不平等"。(同上，p.52)

教育与解放

我们是否应该始于平等的假定或不平等的假定，不仅是一个政治问题——它也是一个教育的核心问题，特别是考虑到教育，以及更宏观地说，考虑到某种教学法思维，在解放的启蒙运动计划中所具有的主导角色时，更是如此。一个人甚至可以论述说传统解放的"教学法"与传统教育的教学法是一样的，因为教育常常被认为是一种实践，在其中，那些尚未知道的人从那些已经知道的人那里接受知识(而前者为了平等和解放的走向就依赖了后者)。如此认为的教育，发端于施教者与受教者(和需要教育的人)之间的根本性区别。对于朗西埃而言，问题在于这是否是可以理解教育逻辑——因而也是解放逻辑——的唯一方法。在他的著作《无知的教师》(Rancière，1991a)中，讲述了一位名 *93* 叫约瑟夫·雅科托(Joseph Jacotot)的人的故事。此人是一位被流放的法国男教师，在19世纪的第一个十年里，他发展出一种"通用教学"的教育方法。这个方法认为教育不是发端于不平等以便带来平等的过程，而是基于所有人类智能的根本性平等这样一个假定。

雅科托的方法基于他的一个发现。这个发现来自他被要求去教一些学生，而他又不说这些学生的语言。他的努力取得成功，而这也教会他一点，即为了让学生学习，他一直认为对教育而言是必要的——解释（explication）——实际上是不必要的。雅科托因此开始看到，"解释"并不是教育活动的核心，它反而使得学生变得愚钝。正如朗西埃所解释的那样，给某人解释某事"首先向他显示的是他自己不能理解这个事物"。（Rancière，1991a，p. 6）这就是为什么朗西埃把解释指称为"教学法神话，把世界分为知识的心智和无知的心智"。（同上）解释者的"特殊技巧"由一个"双重的就职姿态"构成，其中"他规定了绝对的开端：只有从现在开始，学习行动才开始"，并且，"他在学生要学习的所有事物上，遮了一层无知的覆盖物，从而给了自己一个揭开这个覆盖物的任务"。（同上，pp. 6－7）如此，教学法神话把世界分成两个部分，并把智能分为两个部分："一个低级的智能和一个高级的智能。"从这个观点来看，"解释"成为"强迫的钝化"。（同上，p. 7）

　　尽管雅科托没有教给他的学生任何事物——他们通过自己与教材（如书本）的互动而学习——但是这并不意味着他们没有教师；只是他们学习时没有"教师解释者"。（同上，p. 12）尽管"雅科托已经教过他们一些事物，但是他与他们并没有过沟通"。（同上，p. 13）雅科托所做的，只是在一个"意愿对意愿"的关系中让他的学生运用他们的智能。（同上）"当一个智能受制于另一个智能的时候"，那么"解释"就会发生，但是，当一个智能单单服从它自身的时候，那么解放就会发生，"即便同时出现一个意愿服从另一个意愿的情况"。（同上）从这个视角看，主要的教育"问题"成为"把智能揭示给其自身"的问题。（同上，p. 28）这种教学需要的不是解释，而是注意力，即"努力使用自己的智能"。正如朗西埃所写的，所需要的是"一遍又一遍地看、说和重复的绝对的注意力"。（同上，p. 23）学生采取何种路径来回应这种命令不得而知，但是如朗西埃所言，学生无法逃避的是"运用他的自由"，并且这被三个部分的问题所唤起："你看到了什么？关于它你想到什么？你怎么理解它？等等，延至无穷。"（同上）

因此，在雅科托的方法中，对教师而言只有两个"根本事实"："他提问，他要求(学生)讲话，也就是说，让意识不到自身的智能或停止努力的智能展现出来"，并且"他证实智能的运用是伴随注意力而完成的"。（同上，p. 29）朗西埃强调，此处的提问不应该理解为苏格拉底式的提问，即提问的唯一目的是把学生引向一个教师已经知道的观点。此处的重要性在于，尽管苏格拉底式的提问"可能是通向学习的路径"，但是它"绝不是通向解放的路径"。（同上）教育中的解放的核心在于一种觉悟；这种觉悟就是"当某个智能认为其自身与任何其他智能是平等的，并且认为任何其他智能与其自身是平等的时候，那么，这个智能可以做什么"。（同上，p. 39）而这点是需要不断被证实的，也就是说"所有能言说的人的平等原则"是需要不断被证实的。（同上）需要被证实的信念就是"不存在智能的等级"，存在的只是"智能展现中的不平等"。（同上，p. 27）

朗西埃因此做出结论：解放以这种方式理解，意味着它"不是在人的智能的水平上，由学者及他们的解释所给予的"——解放始终是"当一个人自我教育时所抓取的，它甚至是反对学者的"。（同上，p. 99）此处唯一需要做的是召唤别人使用他们的智能，也就意味着证实"所有言说者的平等的原则"。（同上，p. 39）毕竟，"钝化大众的不是教学的缺乏，而是相信他们的智能级别低下"。（同上）此处唯一需要的是提醒人们，他们能够独立理解和思考，而不是依赖于那些替他们理解和思考的人。

那么，这会意味着解放依赖于作为真理的"所有智能都是平等的"这个假定吗？这不是朗西埃所理解的方式。对他而言，需要做的是"在这个假定之下能做些什么"。（同上，p. 46）在这个假定之下，有一件事情不能做，那就是让解放变为一个社会方法。朗西埃坚持"只有人能够解放人"。（同上，p. 102）世上有"一百种教学的方法，并且学习也发生在纯化学生的人（stultifiers）的学校"（同上）——但是，解放不是关于学习的。解放是在智能平等的假定下运用一个人的智能。因此，"只有一种解放的方式"，而关于这点，朗西埃补充道："政党或政府、军队、学校或机构，永远不会解放单个的人"（同上），因为每一个机构总是不平等的某种"夸大"和"体现"。（同上，p. 105）使解放得以可能的教学，因其发端于平等这一假定，故而"只能导向个体，而永远不是导向社会"（同上）——而在《无知的教师》的最后一章中，朗西埃详细叙述了所有把"通用的教学"变为一种方法并将其制度化的努力，从解放的观点看是如何失败的。

朗西埃特别怀疑力图用教育——或者更准确地说用学校或学校教育——带来平等。这当然是"进步主义者"的理想，他们想"解放大众的心智并且提高大众的能力。"（同上，p. 121）然而，以这种方式理解的进步，建立在朗西埃所指的"教学想象"的基础上，即"把不平等展示为某人发展的滞后"。(同上，p. 119)这使得教育者总是领先于为了获得自由而需要被教的人。但是，朗西埃警告，只要我们发端于这样的轨迹——即发端于不平等之假定的轨迹——我们就永远不能获得平等。"学生永远不会赶上他的老师，或者赶上有知识的精英们；但是赶到那里的希望驱使他们沿着美好道路前行，也就是有着完美解释的道路。"(同上，p. 120)"进步主义者"希望通过"公共教学的井然有序的体系"带来公平。(同上，p. 121)朗西埃揭示雅科托的方法甚至可以如何来纳入这种体系——而实际上它曾经以这种方式被采用过。虽然"除了一两个小事项是例外"，也就是说用雅科托的方法的教师不再教他们自己不知道的东西，并且不再发端于智能平等的假定，(同上，p. 123)但是，这些"小事项"当然是关键的。因此，抉择出现在"从平等的人中造出不平等的社会和从平等的社会中造出不平等的人"之间。(同上，p. 133)，而对于朗西埃而言，选项是明确的。"一个人只需要学习在一个不平等的社会中怎么做平等的人"，因为这就是"获得解放"的意义。(同上)但是，这个"非常简单的事"实际上是"最难以理解的"因为"新的解释——进步——已经让平等及其反面无法分离地混在一起了"。(同上)朗西埃如此总结道：

> 公共热情和心智奉献的任务是，从不平等的人们中造出一个平等的社会，并无限地减少不平等。但是持有这个立场的人若将其贯彻到底只有一种方法，这就是把社会完完整整地加以教学

化——即对所有个人进行的他们自己杜撰的全体幼稚化。之后，这将会被称为继续教育，也就是说，这是解释性机构与社会的共同延伸。（同上，下圆点为原著所加）

　解放和学校制度

在前面的部分中，我已经从三个不同角度重新建构了朗西埃的解放观念：政治理论的角度、政治实践的角度和教育的角度。虽然三种陈述在侧重、语境且在某种程度上还有语言等几个方面有所不同，不难看到的是，有一套共同观念贯穿在它们之间，而且也不难发现充实朗西埃著作的深层"承诺"。从朗西埃著作中浮现出的，是对一连串彼此相连的概念的承诺：平等、民主和解放。但是，朗西埃著作的重要性并不在于对这套概念本身的承诺，特别是因为朗西埃的"讨论伙伴"①——如果这是一个恰当的表述的话——也致力于同样一套概念。朗西埃的著作的独创性首先在于这样一个事实：他能够揭示，在平等、民主和解放的名义下或以它们的名义所做的一切常常招致相反的状况，因为它产生了不平等，并且让人们在原地不动。因此，关键不在于我们致力于平等、民主和解放，而是我们如何致力于它，并且我们如何

---

① "讨论伙伴"这一观念会假定朗西埃的著作只是在已界定空间中的一个声音而已。我们也许可以把朗西埃的著作解读为一种干预，或用他自己的话说，作为发起一种"异识"，而不是就解放问题的讨论增加一个他自己的声音而已。在此意义上，我们可以把朗西埃的著作看成一种政治性行动或政治的行动。

表达和阐释这个承诺。因此，在关于解放、平等和民主的话语内部，朗西埃引入了一个批判性的区分。

朗西埃的一个核心思想是：只要我们把平等投射到未来，并且把它看成必须通过特定的干预和活动而带来的，而这些干预和活动旨在克服既有的不平等——比如对大众的教育或对社会的全体教学化——那么，我们永远不会获得平等，而仅仅是造出不平等。走出这一困境的方法是把平等带到此处和当下，并且把行动基于所有人类的平等这一假定之上。把行动基于这个假定要求持续地对它证实——不是为了检查这个假定是否在理论上是真的，而是为了实践这个假设的真实性，即始终在具体情境中使其为真。正如朗西埃在《无知的教师》中写道的，问题不是证明或反驳所有的智能都是平等的这一假定，而是看"在这一假定之下能够做些什么"。证实平等这一假定的实践，名字叫"政治"。 *97* 因此，政治不是带来或造出平等的实践；平等也不是通过政治活动推行的原则。使一个行动具有政治性，是当它"发起"治安构序的逻辑和平等秩序的逻辑之间的矛盾的时候，即当这个行动把两个不相联结、不同的和不能比较的世界——治安构序和平等——带入到一个关系中的时候。这就是为什么异识（dissensus）位于政治活动的核心部位。但是，异识，不应当理解为一个冲突或一场"争吵"（Rancière，2010，p. 15）——因为那样就会假定参与在冲突中的各方会一直存在并且拥有一个身份。异识是"在可感知概念的格局中的一个裂口，是在存在方式与做事、理解及言说方式之间的关联中引入的一个分离"。（同上）

平等既是社会秩序和政府秩序的最终原则，也是其"正常"运作而被人遗漏的最初起因。它既不在一个宪法形式的系统中，也不在社会道德的形式中，也不在对共和政体下的儿童的清一色的教学中，也不在超市货架上可支付商品的保障中。平等既是基本的又是缺席的，既是及时的又是不适时的，并且总是取决于个体和团体的主动性……他们冒险证实他们的平等，冒险发明个体和集体形式从而证实平等。（同上）

因此，政治活动是补充性主体的行动，而"补充性主体相对于社会部分的任何计数，都被书写为是多余的。"（Rancière, Panagia & Bowlby, 2001）政治主体——对郎西埃而言也始终是民主主体，民主公众——由政治活动并且通过政治活动而形成，也因此，朗西埃论述政治是一个主体化的过程。所以，我们可以说朗西埃的核心概念——平等、民主和政治——彼此映射，因为政治活动主要由对平等的证实所构成，而当我们通过引起意见分歧的方式这样做的时候，民主得以"发生"，但不是作为政体，而是作为对治安构序的一种中断。这一点对于"解放"概念也是真实的，因为解放意味着在平等前提的基础之上行动。它所具有的特征是"强行进入"一个共同的世界，即正如我呈现的，它不仅意味着对平等的呼吁只能通过界定自己的领地而让别人听到，而且必须在别人始终理解自己的论述这一前提下进行。所以，解放不会以在某种特定教育轨迹下产生的结果而显现。解放涉及的是在智能平等的假定下运用自己的智能。

结论

朗西埃的贡献的重要之处在于，他不只是呈现给我们一个极其不同于我前面概括的传统上对解放观念的陈述。朗西埃贡献的重要性不但在于这样一个事实，即他帮助我们以不同的方式理解解放观念，而且在于另一个事实，即对存在于理解和"实践"解放的传统方式上，他能够克服其内部存在的主要矛盾，尤其是解放的开端伴有依赖，并且解放起始于根本的不平等这样的逻辑。朗西埃的理解不再基于对被解放者的经历的不信任，即认为只有被解放者的经历由"适当"和"正确"的理解所替换，解放才会发生。在这个意义上，我们可以把朗西埃对解放的陈述，描绘为一个弱的陈述；这个陈述不会得出一个保证，确定解放者会给信任他们的人带来解放。这并不意味着从历史分析和社会分析中没有教训可学，但是这些教训不再被视为解放的"原动力"，不再被认为如果人们得到"正确"的结论，解放会跟着产生。换句话说，这种学习不应当以"教学神话"的语言开展——在那种语言中，世界被划分为认知的心智(解放者/解释者)和无知的心智。此处的区别——在我们理解解放教育实践的过程中，要理解朗西埃所力图阐明的区别，这一点是重要的——不是拥有教师的学习和没有教师的学习之间的区别。换句话说，朗西埃所暗示的不是没有教师的学校、没有在校教师的学校(Pelletier, 2009);他所认为的解放的障碍是"教师解释者"的立场。① 因此,在解放教育中,仍然存在权威,但是这个权威不是基于在知识或见解或理解方面的差异。"无知的教师运用的不是智能对智能的关系。他或她只是一个权威,只是一个意愿,把无知的人安置在一条道路上,也就是说促动激发(学生)已经拥有的能力。"(Rancière, 2010, pp. 2—3)

而这一切不仅对学校来说是个议题。同时,而且可能首先来说,这对社会及我们在总体上理解解放的方式而言,也是个议题。朗西埃的思想包含对特定的解放"逻辑"的评论;那个逻辑假定解放要求来自外面的"有力干预",而这个干预是建立在解释的基础之上的。在这个意义上,我们可以说朗西埃评论的目的,指向任何让"解释"成为"解放"的关键的情境——而学校就是一个例子,但是这个特定的学校教育"逻辑"在其他许多地方也发生,以至于社会本身也以学校教育的解释逻辑为其模仿对象。(关于这点,Bingham & Biesta, 2010, 第 8 章:"世界不是学校")这样,朗西埃的评论首先是一个对解放的某种逻辑的评论,而这个逻辑体现在某种学校教育的观念中,然而并不局限于学校机构。

---

① 这也意味着——而这一点经常被朗西埃的读者所忽视——朗西埃的论证不是反驳说明在教育本身内部的角色;毕竟,人们可以说在朗西埃自己的作品中有大量的说明。唯一与说明相关的一点是,它不是通向自由的大道。

/6. 民主/

> 多元性是人类行动的条件。
>
> ——汉娜·阿伦特

如果朗西埃帮助我们看到教育和政治是怎么紧密联系着的——假如成败的关键所在是解放问题，那么汉娜·阿伦特(Hannah Arendt)，将是我在这一章中的讨论伙伴。她是从和朗西埃相反的一端进行论证的作者，因为她是对教育和政治可以有千丝万缕的关系这一观念最为直言不讳的评论家。她持有的观点是教育领域应该"脱离"其他所有领域，特别是脱离政治生活领域。因此，阿伦特对那些关注教育、解放、民主和政治的交互关系的人而言，提出了挑战。然而，这个挑战是重要的，因为它有助于阐明一些前提，而这些前提正是赞成和反对一系列特定的民主教育的根基。其中一个假定——正如我将会在这章中揭示的——和朗西埃所指的"教学想象"有关，这就是"将不平等呈现为一个人在发展过程中的延迟"。(Rancière，1991a，p. 119)这个"教学想象"是教育话语和教育实践中一个更大问题的表征，这就是完全从心理学的角度来思考教育的趋势，更具体说，从心理发展的角度来思考教育的趋势。

在这一章中，我揭示，阿伦特对教育领域和政治领域的严格分离的论述，是怎么由这种对教育的"发展"理解所充实的。尽管这些前设（assumptions）在阿伦特的部分著作里明确讨论教育的部分中曾是核心的角色，但是当阿伦特写政治学著作时，这些前设都消失了。此处，她在自己著作中的"调子"明显是政治性的，并且更重要的是，在书中更大的讨论中，其"调子"明显又是存在主义的，因为她的关注点放在——正如我所说的——政治性地存在，即在多元性的状况下存在，意味着什么。我会运用后一个角度建构一个论述，反驳阿伦特持有的教育与民主政治分离的论述——正如我力图澄清的，我的论述会把民主教育的问题带离心理学的发展主义，并且把这个问题牢牢地放在人类行动（human action）的领域（此处的人类行动是阿伦特意义上的；见下文）。通过使民主问题成为存在主义（existential）的问题，而不是发展主义的问题，我于是提出一种解读；这个解读使教育与民主的联结成为一个弱联结。在这个弱联结中，并不是教育能够发展出民主人，或更糟糕地，能够生产民主人，而是教育在改善那些境况方面，在改善"人类在一起"的形式方面，有一种持续不断的关注——在这种形式的"在一起"中，如阿伦特所言，自由能够出现。

民主教育，以及发展主义的问题

教育在民主社会中的角色已经是一个持续被关注的议题，不管是从教育者和教育学家的立场而言，还是从政治家与政策制定者的立场而言。这些讨论中的关键所在，不但是涉及民主教育的正当轮廓和形式的技术性问题，涉及以民主公民为目的的教育的技术性问题，而且是涉及民主的本质和在民主社会中公民身份的构造等哲学问题。然而，在文献中获得很少关注的一个问题是教育与民主的关系问题。盛行的观点是这个关系应该被看作外部关系，在这个关系中，教育被理解为能够带来或创造民主公民的轨道。（Biesta & Lawy，2006；Biesta，2007a）即便有论证认为唯一走向民主公民的路径，是通过参与到民主的过程和实践中去，但这些情况的前设通常是这种参与应该产生民主人，即拥有民主知识、民主技能、民主价值和民主性情的人。（Apple & Beane，1995）我们可以把这指称为民主教育的心理学观点，因为教育任务被理解为通过对个体心智与身体方面的工作而产生某种个体的任务。如此，民主教育成为某种形式的道德教育，因为它的任务被视为会催生一系列道德素质和道德性情（关于这一观点，Kerr，2005，其中作者把这一系列素质指称为"公民身份的维度"）。

尽管这一系列前设一直都在全球教育实践中扮演一个重要角色，然而它并不是没有问题的。教育与民主的关系应当被视为一个外部关系这一看法，从教育学的观点来说，其主要问题在于：它使教育过程中的利害攸关的政治本质难以得到承认。把民主置于民主教育的终点，作为教育之后的产物，意味着在这些过程中的有价值的学习本身并没有被民主政治的特征（和难题）所影响。从民主的观点来说，这一思路的一个问题在于它基于一个前设，这个前设就是民主的保障在于有受过正当教育的全体公民，从而一旦所有公民正当地接受了教育，则民主自然会随之而来。

下面我希望探讨的问题是：是否有可能以不同的方式思考教育和民主之间的关系。其重要性不仅是为了承认民主教育中的政治本质，而且还为了承认民主政治本身的政治"基础"。我把汉娜·阿伦特视为20世纪政治性最强的思想家之一，她也是就教育与政治之间应该有千丝万缕的关系这一观念最为直言不讳的批评家之一——这给那些在民主教育领域中希望开采阿伦娜著作资源的人们，提出了一个真正的问题。(Gordon，1999；2002；Pols，2001；Schutz，2002) 正如她在自己的文章《教育中的危机》(*The Crisis in Education*)中声称的那样："我们必须坚决地把教育领域和其他领域分离开来，特别是从公共、政治生活中分离出来。"(Arendt，1977a，p.195)我相信阿伦特在宣称这个观点时陷入了一个错误。当哲学家转向教育时(尽管哲学家并不是唯一仅有陷入这个错误的人)，这样的错误对他们而言并不罕见。这个错误的前设是谈论教育唯一可靠的语言是心理学上的，也就是"发展""准备""身份"和"控制"等这样的语言，从而只有当儿童已经历了某种发展和教育轨迹，并且达到了成人阶段时，则诸如"行动""多元""主体性"和"自由"等概念才是重要的。换句话说，这个错误是预设"儿童"和"成人"是自然范畴，而不是社会和政治范畴，并且预设自由只与后者有关，而与前者无关。

在这一章中，我力图揭示，阿伦特本人提供了最为有说服力的论证，反驳了教育和民主政治的关系只能以心理学方式调解这一观念。

这个论证的核心是阿伦特的一个主张，那就是公共领域，即"自由能出现的"领域，其基础不是道德性的——它不是成功的道德社会化的结果——而是政治性的。这意味着，对阿伦特而言，自由的出现不是取决于拥有某种道德素质的个体的存在，而是依靠某种在一起的方式，即"在多元中在一起"。这使得自由不能按教育的方式生产，而只能以政治的方式取得。正如我将论述的那样，恰恰是这个区别，为我们提供了一种理解民主教育的方式；这种理解方式是非心理学的和非道德性的，然而，却完全是教育性的。

行动、自由和多元性

阿伦特的哲学，集中在把人类理解为行动存在(active beings)，也就是，人类作为存在，其本质不仅由人类思考和人类反思的能力所界定，而且人的存在还涉及人类所做的。阿伦特区分了三种类型的积极生活(active life, *vita active*)：劳动、工作和行动。劳动是和人类身体的生物过程相对应的活动。它产生自维持生命的必要性，并且专门聚焦于生命的保养。它以无穷的方式进行："为了劳动人们必须吃饭，并且为了吃饭人们必须劳动。"(Arendt，1958，p. 143)因此，劳动创造不出永久的东西。劳动的精力必须不断地更新从而维持生命。另一方面，与工作相关联的是，人类如何改变他们的环境，并且通过这个活动，创造一个以持久为特征的世界。工作与生活及创造有关，因而与"工具性"有关。它与制作有关，因此它"完全取决于手段与目的的范畴"。

（同上）在这一模式的活动中，人类——作为"从事制作的人类"（*homo faber*），而不是"劳动的动物"（*animal laborans*）——是稳定环境的建设者，在其中，人类生活得以开展。如果说劳动和工作，与工具性和必要性有关，与外在于行动的目标和目的有关，那么，行动作为第三种类型的积极生活，是其自身的内在目的，并且它的界定特征是自由。

对阿伦特而言，行动首先意味着采取主动性，开始新的事物，并且把新的事物带到世界中来。阿伦特把人描述为一个"开始"（*initium*）：一个"开始进行中和开始的人"。（Arendt，1977b，p. 170）她认为，让我们每个人独一无二的，并不是以下事实，即我们拥有一个身体且需要劳动来保持我们的身体；也不是这样一个事实，即通过工作我们改变我们居住的环境。让我们每个人独一无二的是：我们做先前还没有被做过的事的潜力。这就是为什么阿伦特写道每个行动在某种意义上是一个奇迹，"不能预料的事物"。（同上，p. 170）阿伦特把行动和出生的事实联系起来，因为伴随着每个个体，一些"崭新而独特"的事物来到了这个世界。（Arendt，1958，p. 178）然而，并非仅有新生的那一刻会给世界带来新事物。我们通过我们所做的和所说的持续地把新的开始带到这个世界。阿伦特写道："以我们所说的和所做的，我们把自己嵌入人类世界，而这样的嵌入就好像第二次出生。"（同上，pp. 176—177）正是通过行动——而不是通过劳动和工作——我们的"独一无二的独特性"得以显现。

因此，行动与自由紧密地联系着。但是，阿伦特强调，自由不应该理解为一个意志（will）现象，也就是说，不应该把它当成做我们自己选择要做的——无论选的是什么，而是应该把自由理解为"让之前不存在的事物得以存在的自由"。（Arendt，1977b，p. 151）自由作为主权和自由作为开始之间的微妙差别具有深远的影响。最主要的启示在于自由不是一种"内在感觉"或一种私有的经历，而必然地是一种公共现象因而也是一种政治现象。阿伦特写道："政治之所以存在的理由是自由，其经验的领域是行动。"（Arendt，1997b，p. 146）而且，自由仅仅存在于行动中，而这意味人类只要行动且"既不是行动前也不是行动后"，人类就是自由的——这和人类"把自由当成礼物而拥有之"是不同的。（同上，p. 153）然而，自由怎样出现呢？

为了回答这个问题，关键在于看到"开始"仅仅是行动的一半。我们通过我们所做的和所说的揭示了我们的独一无二性——尽管这一点是真实的，但是，我们不应该把它理解为这样一个过程，即我们在展示某种已有的身份认同。阿伦特写道："当一个人通过行为和语言呈现他自己时，没有人知道他在呈现谁。"（Arendt，1958，p. 180）一切都取决于别人如何回应他的主动性。这就是为什么阿伦特写道，行动者不是作者或生产者，而是具有双重意义的主体，即一个开始行动的人和遭受且受制于行动结果的人。因此，阿伦特对行动的理解非常简单：我们在孤立状态中不能行动。如果我想要开始某事，但是没有人回应，那么我的主动性不会有任何结果，最后，我所开启的事物将不会来到世界。我将不会出现在这个世界中。但是，如果我开始某事物，并且别人接着进行我所开始的事物，那么我的确来到了这个世界，并且恰恰这个时刻我是自由的。

106

这意味着我们行动的"能力"——因而我们的自由——关键性地取决于别人怎么继续我们所开始的事物。但是,"问题"在于别人以无法预测的方式回应我们所开始的事物。正如阿伦特所言,我们始终行动于"能让自己行动的人"的身上。(同上,p. 190)尽管这会让我们所开始的事物受挫,但是阿伦特一而再,再而三地强调,"始终保持让我们自己是自己所做的事情的独一无二的主人,这有其不可能性",而这个不可能性,同时又是我们所开始的事物能够来到这个世界的条件——而且是唯一条件。当然,我们可以控制别人怎么回应我们开始的行动——并且阿伦特承认这样做的确有其吸引力。但是如果我们打算这样做,那么我们会剥夺别人开始(新事物)的机会。我们会剥夺他们行动的机会,如此我们会剥夺他们的自由。因此,行动在孤立状态中是不可能的。阿伦特甚至走得更远,以至于论述认为"处在孤立状态中就是剥夺行动的能力"。(同上,p. 188)因此,为了能够行动,我们需要别人——这些别人回应并且继续进行我们所开始的事物。但是,这也意味着如果没有多元性,行动是永远不可能的。一旦我们抹除多元性——旦我们通过试图控制他们怎么回应我们开始的事物,从而抹除别人的他者性——我们就剥夺了他们的行动和他们的自由,结果我们也就剥夺了自己行动的可能性,如此,也剥夺了我们自己的自由。因此,阿伦特坚持认为:"多元性是人类行动的条件。"(同上,p. 8)

如此,阿伦特为我们提供了一个对自由的极其政治性的理解。因为,她以我们在公共领域的出现这一角度来理解自由,不像在自由主义政治理论中那样,归根结底视自由为私人的事情。不仅如此,更重要的是，她揭示我们的自由与别人的自由从根本上是彼此联系着的；我们的自由取决于别人的自由。后者不能仅仅理解为一个经验性的事实，而应理解为阿伦特哲学的价值核心。阿伦特致力于人人都有机会行动、出现和获得自由的世界。其隐含的重要意义在于：公共领域，即自由能够出现的领域，不应该从物质语言来理解，而是表明人类互动中的某种特征。正如阿伦特所解释的那样：

> 确切地说，城邦不是物理位置中的城市国家；城邦是对人们的组织，因为它源于（人们）在一起行动和在一起言说的活动，而它的真正空间存在于为了这个目的而居住在一起的人们之间，无论他们在何处碰巧在一起了……它是在词义上最为广义的呈现的空间，即我呈现于别人面前，就像别人呈现在我面前；人类的存在不只是像其他动物或非生物一样地存在，而是让自身明显地呈现。（同上，pp. 198—199）

"当人们以言说和行动的方式在一起的时候"，"呈现的空间"就形成了。（同上，p. 199）这意味着：它"不同于我们双手工作而获得的空间"，即通过工作而创造的空间，因为"它的存在不会超过让它得以形成的实际时间……而是会随着活动本身的消失或停止而消失"。（同上，p. 199）

因此，行动以其"完全依赖于他者的不断出现"这一事实为特征。（同上，p. 23）这就是阿伦特区分私人领域和公共领域的一个方法，因为劳动和工作"不需要他者的出现"（同上，p. 22），但是行动却需要。①如此，我们可以说阿伦特给每一个维度的行动生活分配了一个合适的位置。私人领域，即家庭或家眷领域，涉及的是在需求的原则下，通过劳动和工作手段得到物质需求的满足。而公共领域，正如阿伦特所说的，"就其对我们是共同的而言，它代表世界本身"。（同上，p. 52）但是，它"与地球或自然不同"，而是"与人类所造的有关，与人类双手的制作有关，并且与那些运行在人们中间的事务有关——那些人们一起居住在人造的世界中"。（同上）因此，私人领域和公共领域这两个领域的"最基本的意义"，是"有些事需要掩藏，而有些事，如果要存在，则需要公开地呈现"。（同上，p. 73）工作涉及制造一个共同的世界，"一个事物的世界，且存在于共同拥有它的人们之间，正如一个桌子，被置于围坐在它周围的人们中间"（同上），就此而言，工作拥有一个公共的特质。但是，与行动不同是，工作不需要"他者的在场"，而这点恰恰揭示了为什么工作不是政治性的，而行动在这个意义上则是政治性的。

在阿伦特描述三种行动生活模式的方式里，有一个清晰的层级结构，然而她对现代性的评论的核心观点则是，在现代性中这个层级结构已经颠倒过来了。阿伦特尤其关注的是"社会性的兴起"，而这涉及

----

① 阿伦特的观点实际上稍微有点微妙，因为她论述所有人的活动"以人们生活在一起的事实为条件。"（Arendt 1958，p. 22）。"一个劳动的生物在完全孤独状态下将不会是人，而是一个劳动的动物"，正如"一种生物工作、制作和建造一个只有他自己居住的世界，依然只是一个制作者，但不是从事制作的人"，（同上）尽管如此，劳动和工作在没有他者在场的情况下仍然可以进行。

的是"劳动动物的胜利"，以及把生活本身宣称为"终极参照点"和"最高的善"。(同上，p. 320)因而，社会性的兴起与政治的消亡是一致的。解读阿伦特的目的的一个方式是，把它看成阿伦特要求为明显是政治性的事物恢复它们的空间，并且在她看来，也就是为明显涉及人性的事物恢复它们的空间。这引出的一个问题是，教育在这个布局中处在什么位置。

教育中的危机

阿伦特对自己的教育观的阐释，最为引人注目地出现在其发表于1958 年的论文《教育中的危机》中(Arendt，1977a)。正如我提到的，阿伦特在这篇论文中论述认为，教育的合理位置不在公共领域，因此在这个意义上，教育不应该以政治的方式理解。但是，阿伦特所持的论点，即教育领域"必须从其他领域中分离，特别是从公共的、政治的生活的领域中分离"(同上，p. 195)，并不意味着教育的合理位置就在私人领域中。阿伦特明确地回绝了教育仅仅是有关生活的提议。她写道："如果儿童仅仅是一个尚未完全的生物，那么教育将只是生活的一个功能，并且内容空洞，仅仅关注生命的维持，以及所有动物都对其后代承担的在生活中的训练和练习。"(同上，p. 185)这种维持，对(幼小)儿童来说是重要的，即对于那些"仍然处在生命与生长的事实高于人格因素的阶段"的人来说是重要的，以及对于那些"按本性而要求具有隐蔽的安全性以便不受干扰地走向成熟"的人来说是重要的。然而"在教育任务导向年轻人、新来者和陌生者，而不再是导向幼小儿童的领域中时，情况就完全不同了；前者已经出生在一个他不了解的现存世界中了"。（同上，p. 188）也就是说，与其说关注点放在"对正在生长的生物的福祉而负责，不如说放在对我们通常所说的性格素质和才能的自由发展而负责"，即对"把每个人从其他人中区别开来的独一无二性"（同上，p. 189）而负责。这时，情况就完全不同了。正是在此处，阿伦特看到了学校所特有的任务。学校领域固然不是私人的，即不是关注生活维持的，但是学校领域也不是公共的。对于阿伦特而言，学校是一种"半中间"的机构。它是"夹在家庭的私人领域和世界之间的机构"，从而使得从家庭到世界的过渡完全得以可能。（同上，pp. 188－189）

学校的部分任务是慢慢地把儿童引入世界。（同上，p. 189）在这个过程中，必须关注"相对于现实世界，这样的新事物慢慢有了结果"。（同上）阿伦特论述道，教育行动因此必须具有"保护意义上的"保守主义要素，因为"珍爱和保护儿童从而抵御外部世界是教育活动的要素"（同上，p. 192），正如保护世界不让"新一代带来的新事物对世界突然爆发袭击而造成颠覆和毁坏，也是教育的任务"。（同上，p. 186）因此，正是因为"每个儿童内在所具有的崭新和革命性的东西，教育必须给予保守：它必须保护这种崭新，并且把它作为新事物带到这个世界"。（同上，p. 193）对于阿伦特而言，这也意味着此处的教育者"相对于年轻人而言，是一个世界的代表；他们必须为这个世界承担责任，即使这个世界不是他们所造的，甚至他们在私下或公开希望这个世界不是现在这个样子的。"（同上，p. 189）（教育者）主动放弃这个责任——根据阿伦特的观点，这个责任与这样一个事实伴随而来，即儿童不仅被召唤到生活里，而且也出生到世界中——会让教育变成（集体性）学习，而在这个意义上也意味着教育的终结。（Biesta，2004b）这是阿伦特评论进步主义教育的核心思想。（Arendt，1977a，pp. 180－185）不仅如此，这也是阿伦特诊断"教育中的危机"的核心思想，即她认为这个危机首先可看作成年人对世界承担责任的一种拒绝。

在教育中，这种对世界的责任"表现为权威的形式"（同上，p. 189），并且，正是这种权威，描述了在教育中成人与儿童之间，"旧人"和"新人"之间的关系的特殊本质。阿伦特警告，教育权威不应该和压迫混淆在一起——"尽管把儿童视为需要自由的、被压迫的少数这一谬论已经在教育实践中试验过了"。（同上，p. 190）原因在于，如果我们把儿童从成人的权威中解放出来，并且听任他们自己发展，那么我们没有让儿童获得自由，而是让他们受制于"更加恐怖和真实的专横权威，即受制于多数暴政"。（同上，p. 181）阿伦特论述："几乎没有成人能够忍受这种局面"，但是"儿童却根本地和完全地不能忍受之"（同上，p. 181），因为他们是儿童，他们既不能以理性对抗群体暴政，他们也不能——就进步主义教育来说——"逃到任何其他地方，因为成人的世界向他们关闭了"。（同上，pp. 181－182）因此，对于阿伦特而言，保守、权威和对世界的责任在教育中是必要的，以便儿童能有机会"从事新事物，从事我们所预见不到的事物"。（同上，p. 196）但是，这只适合教育领域，即适合"成人和儿童之间的关系"，而不适合"政治领域，即在政治领域中，我们在成人中间且和成人一起，平等地行动"。（同上，p. 192)从教育角度看，阿伦特警告说，如果我们过早，即当他们依然"在走向成人而不是已经成人的过程中"时(同上，p. 187)，就迫使儿童暴露在"公共存在的光照下"，那么我们就阻止儿童把他们开始新事物的举措带到这个世界来。但是，从政治角度看，保守态度是存在问题的，因为"为了按照世界创造者的和这个世界的居民们的道德来保守这个世界，那么这个世界必须不停地被重新矫正"。(同上，p. 192)

阿伦特的发展主义

以上论述表明，阿伦特为我们提供的，不只是一个教育和政治没有关联且不应该有关联的声明。她还提供了一套详细而具有挑战性的论证，以支持她关于教育领域和政治领域应该分离的断言。在教育领域中的关系以权威为特征，并且聚焦于保守。部分原因在于儿童作为新人不能为现存世界负责。恰恰是成年人/教育者必须承担这项责任；他们必须代表这个世界，并且他们通过表达"这是我们的世界"(同上，p. 189)而必须为新人呈现这个世界。另一方面，政治领域中的关系以平等为特征，并且聚焦于更新。(同上，p. 190)尽管如阿伦特发现，在现代世界中可能的情况是没有人想要对这个共同的世界承担责任。(同上，p. 190)

然而，阿伦特的论证不仅仅是有关教育和政治之关系的区别。这一论证同时也基于某种儿童观(于是也基于某种成人观)，其中儿童被视为"正在发展的人类"，而童年则被视为"一个暂时的阶段，对成年人阶段的准备"。(同上，p.184)尽管阿伦特并没有否决儿童与成年人共同生活在这个世界中，但是她的确坚持儿童和成年人之间有一个根本的区别，因而"人们既不能教育成年人，也不能像对待成年人一样对待儿童"。(同上，p.195)对于阿伦特而言——这点对于我下面的论证是重要的——教育始终在准备的范畴中运行。只有达到成年阶段的状态——即当教育已经结束的时候——政治生活才能开始。这也解释了为什么"自由"一词并没有出现在阿伦特的(教育)论述中，因为对阿伦特而言，"自由"是一个只存在于政治领域的政治概念。对于阿伦特，"自由"根本就不是教育概念。

尽管阿伦特的观点是一贯的，而且在某种程度上也是看似合理的，但是这些观点留下一个重要的、尚未回答的问题。这就是教育在哪里结束而政治从哪里开始的问题。阿伦特对这个问题的回答建立在对童年阶段和成年阶段之间的区分上，尽管她赶紧补充说，区分二者的界限在哪里事实上"无法由一个总则决定；它经常在年龄上、从一国到另一国、从一个文明到另一个文明，以及从一个人到另一个人方面而变动"。(同上，p195)虽然如此，她采取的路径的确表明她力图在时间框架内回答这个问题，即作为一个(心理学)发展和过渡的问题。如果我们遵循这条路线，那么很快就会产生是什么标志着从童年阶段过渡到成年阶段这样的问题。换句话说，儿童在什么时候会为政治做好"准备"？是在儿童充分成长的时候吗？是在儿童已经能够运用理性的时候吗？是在儿童能够为这个世界担当责任的时候吗？

此处我想提出的议题不是这些问题的正确答案是什么，更不是阿伦特自己的回答可能会是什么。在我看来，最重要的议题是，这个问题是否是一个对的问题。我们应该从时间和发展的角度来理解教育和政治之间的区别吗？也就是说从儿童阶段和成年阶段的区别——或更准确地说，从儿童阶段和成年阶段之间的时间区别（成年阶段总是在儿童阶段之后）——来理解教育和政治的区别吗？关于这一点，我想提出两个评论。

当然，在阿伦特的论述中有一些貌似合理的地方，即（幼小）儿童也许不能应对"多数暴政"，而在阿伦特看来，这正是让儿童聚在一块自行发展、没有成人权威的局面所具有的特征。但是，阿伦特本人已经注意到几乎也没有成年人能真正忍受这种局面。这已经揭示，此处的问题不在于儿童与成人之间的区别，而在于以"多数暴政"为特征的"人类在一起的形式"和自由得以在其中出现的"人类在一起的形式"之间的区别。可能阿伦特想要论证成年是后一种人类在一起的形式的必要而非充分条件，可这个条件意味着即使儿童聚在一起，自由也永不会出现。然而，以这样的方式论证主要表明，"儿童"和"成人"之间的区别事实上是一个定义上的区别，因为"成年人"是那些能够创造"政治空间"的人，而"儿童"则是那些不能创造"政治空间"的人。但是我们都知道有许多不能制造"政治空间"的"成年人"——而如果我们把他们称为儿童，我们当然是会犹豫的。这意味着儿童在什么时候为政治做好准备这一问题，很可能是一个错误的问题。我们应该问的问题是：政治、行动和自由的条件是什么（发展心理学无法就这个问题给我们答案，因为自由不是以教育的方式生产的事物，它只能以政治的方式取得）。

　　当我们从相反的一端切入这个问题时，类似的结论也会随之而来。通过让教育领域与政治领域脱离，阿伦特似乎认为政治领域的动力——即开始和回应的动力，在多元性中行动的动力——既不会发生在教育领域，又会通过教育者而使其远离儿童。只有我们假设儿童根本不能言说和行动，而只能产生"噪声"，才能够论证行动与自由永远不会出现在儿童中间。正如我们不可能假设当儿童在一块时，自由永远不会出现，行动也永远不会发生——除非我们把这个当成对儿童的定义——我们也不可能假设当成年人在一块时，自由始终会出现，行动也始终会发生——除非我们想那样定义"成人阶段"。我们又再一次地得到这样的结论，即政治、行动和自由的条件与所谓"成人期"的发展阶段并不一致。正如作为成人不会是行动和自由的保证，作为儿童也不会是行动和自由缺失的保证。问题再次是政治、行动和自由的条件是什么。

　　我的确相信阿伦特对教育危机的深层分析是对的——即成年人对这个世界的责任的拒绝——但是，我不相信她对教育领域与政治领域的分离的论证是有根据的。或者，至少，我认为她对这两个领域的区分的方式不是令人信服的。其问题出在阿伦特的"发展主义"，即她对"儿童"和"成人"的毫无质疑的区分的依赖。对阿伦特而言，认可教育过程和教育实践中的政治维度看起来是不可能的。不仅如此，而且这 *113* 似乎让她从心理学角度来思考政治、行动和自由的条件，即从为政治预备的角度来思考，从而看起来和儿童向成年人的过渡是一致的。在下一部分，我将呈现，阿伦特本人提供了一个论证，可以用来反驳教育和政治的关系只能以心理学的方式调解这一思想。正如我将要论证的，这为思考教育和民主政治的关系开辟了一种不同的道路。

政治性存在

正如我上面揭示的，阿伦特著作中的一个连贯主题是对自由的关注——或者，用阿伦特的语言说，对自由能出现的空间的关注，而在这样的空间中，人们能够行动，而且行动是可能的。假如失去了这个空间，我们退回到不再有独一无二性的存在状态中，而只有对生命的维持和保护(用阿伦特的语言来说)。在这个意义上说，我们退回到不再具有人性的存在状态中。因此，我们怎么创造一个自由能出现的空间这一问题是成败的关键。阿伦特论述说，为此我们不只是需要一个公共空间。我们所需要的是具有某种特质的公共空间，因为自由只能在多元性的条件下出现。因此，关于政治生活的关键问题是确定：是什么"让我们在这个世界上永久地与别人，与陌生人生活在一起，是可以忍受的？并且是什么让他们对于和我们生活在一起也是可以忍受的？"(Arendt，1994，p. 332)在阿伦特的论文《理解和政治》(Understanding and Politics)(Arendt，1994)中，她把这一具体问题和理解的任务联系起来。正如她所说："区别于正确信息和科学知识，……理解是一种无休止的活动；通过它，在不断变化和更改中，我们学着接受现实，向现实让步，也就是说，试图让自己在这个世界中感到舒适和放松。"(同上，pp. 307－308)理解，既不是没有中介的表达，也不是纯粹的知识。相反，理解和判断有共同之处。(同上，p. 313)理解"是人类特有的活着的方式，因为每一个单个的人都需要和这个世界妥协，而在这个世界中他/她生来就是一个陌生者，并且，就其独一无二的特性而言，他/她始终是一个陌生者"。(同上，p. 308)因此，阿伦特暗示一种颇具政治性的一起存在的方式，因为她致力于一起存在——不是私人存在——并且以维护多元性的方式来做这件事。①它关涉的是一起存在的方式，而在这种方式中，我们对陌生者有耐心，陌生者也对我们有耐心。

让这种存在方式得以可能的是诸如"容忍"和"尊重"的品质，即最终是道德品质——这看起来似乎是合理的。正如汉森所指出的，这意味着"道德是我们作为陌生人对彼此有耐心的根本基础和表达"。(Hansen，2005，p. 5)但是，在《理解与政治》这篇论文中，阿伦特发展出一种不同的看法，即聚焦在公共领域和社会领域的区别上，以及在法律和习俗的区别上，并最终在政治与道德的区别上。(同上)通过指出当依法性遭到破坏时，国家就开始衰败这一现象，阿伦特开始了她的论证。当这个现象发生时，使得一个政体保持完全的是它的习俗和传统，即它的"道德模式"。(同上)但是，阿伦特论述道："依靠传统以避免最坏的情形，只能对付有限的一段时间。每个事件都能够摧毁习俗和道德，因为习俗和道德已经失去了在合法性方面的基础；每个意

---

① 我故意使用"政治性地存在"，而不是"政治性地生活"，因为在阿伦特的语言中，后者是一个矛盾语。

外事故一定会威胁一个不再由公民保护的社会。"(Arendt, 1994, p. 315)因此，"依靠习俗和传统，即依靠道德的捆绑力量而捆绑在一起的"政体(同上)，的确存在危险。这意味着"一个潜在的惊人论断"(Hansen, 2005, p. 6)，即"理解、判断和对陌生人耐心，其本身不仅没有阐释道德，而且基于一个和道德完全不同的基础"。(同上)阿伦特没有认为是道德使政治变得可能，她反而指出是政治性存在使得道德变得可能。阿伦特持有这个立场有其令人信服的理由，因为她已经有力地揭示"在纳粹的统治之下，那些能够独立思考和判断的人，比起那些拥有某种道德律的人而言，更有可能抵抗当时的政权"。(同上)

因此，问题在于"政治性地存在"是什么意思。对这个问题的简短回答是，政治性地存在意味着在多元性中一起存在。它意味着"协力"地行动，而且不抹除多元性。但是对于在多元性中一起存在，在理解上有不同的方式(并且，关于这一点，去"行动"也有不同的方式)。考虑到"共同世界呈现其自身有数不清的视角和方面，对于这些视角和方面，也弄不出共同的标准或共同特征，并且它们还会同时出现"(Arendt, 1958, p. 57)，因此，问题在于共同的行动何以可能。关于这一点，阿伦特会否定我们"协力"地行动只能基于共同的身份，但是她也的确承认如果我们仅仅让多元性存在，共同的行动也是不可能的——看到这一点是重要的。共同行动仅仅基于多元性是没有可能的。因此，阿伦特对于政治性地存在的理解，明显含有对于我所表达的"不联结的多元主义"的否定。对于阿伦特而言，联结是可能的，但是总是作为在差异中的联结。因此，多元性条件下的共同行动不是理解为一种对抗性斗争；在这种斗争中"开始者"只是把自己开始的事物强加在别人身上。共同行动要求决断（decision），因而要求深思和判断。但是，正如阿伦特否定没有判断的多元主义（pluralism-without-judgment），她也同时否定我所表达的没有多元性的判断（judgment-without-plurality）。换句话说，她否定任何置于多元网络之外的形式的政治判断。

阿伦特在她对康德的《判断力批判》（*Critique of Judgement*）的讨论中（Arendt，1982），阐明了自己关于政治判断的思想。因为政治判断事关人类在一起的问题，它必须是具有代表性的。换句话说，政治判断要求某种形式的普遍性，或者阿伦特更愿意说，它要求公共性"通过与他人思想的接触而浮现出的试验"。（同上，p. 42）代表性思维作为从自己的偶然性处境中获得的一种抽象形式，以便从任何其他人的立场来思考——而这正是康德所宣扬的观点——但是，与之相反，阿伦特以某种形式的多元视角理解来入手代表性思维。（Disch，1994，pp. 152－153）对于阿伦特而言，"它不是进行抽象，而是对独特性经过深思熟虑后的关注；这种独特性引起了'扩大了的思想'"。（同上，p. 153）因此，代表性思维与独特性紧密联系着，"与人们必须经历的一些观点的独特性条件紧密联系着，从而使人们获得自己的"普遍观点"。（Arendt，1982，p. 44）

要获得这些，判断行动必须不只是由思考和决定而构成。它还需要想象的帮助。康德假定，在需要建立一个批判性的距离时，想象才是需要的；这个距离使得假定一个普遍的观点具有了可能性。不同于康德，阿伦特论述认为，我们需要想象，既是为了"把事物置于其恰当距离"，又是为了"弥合与别人的极大差异"。（Disch，1994，p. 157）后一种想象活动，在判断中称为造访（visiting）。根据迪施（L. J. Disch）的解释，造访包含"从多元视角中的每一个视角出发，就某一个事件来建构故事，而那些多元视角可能对讲述这样的故事饶有兴趣，并且"——此处的"并且"非常关键——"想象我作为一个角色在一个完全不同于我自己的故事中，我会怎么回应"。（Disch，1994，p. 158）造访和狭隘主义不同，狭隘主义根本就不去访问而是待在家里；造访也不同于旅游，旅游是"即便你在旅行中，也保证你会有在家一样的舒适"。（同上，pp. 158－159）但是，造访还要与共情区别开来；共情作为一种"同化"形式，是"强迫性地使你在一个不是自己家的地方，通过接受其习俗而让自己觉得舒适"。（同上，p. 159）

旅游和共情的问题在于，二者都倾向于抹除多元性。前者"通过一个客观主义的立场，坚持'我们怎么做事情'，而通过这样的镜头，不同的文化只能呈现为他者"。后者换掉这个旁观者的镜头"而戴上了本地的眼镜，发现新的文化，从而避免在一个不熟悉的地方的不适感"。（同上）相反，造访是"在一个实际上我不在的情境中，以我的身份而存在和思考"。（Arendt，1977c，p. 241）这就是在一个和自己的故事完全不同的故事中，思考自己的思想，从而让你自己"迷失，而要理解在别人看来世界是多么的不同，这样的迷失是必要的"。（Disch，1994，p. 159）

因此，我想论证，造访这一观念的创新性，不在于造访与旅游的区别这一事实。任何入手(不希望抹除多元性的)政治判断的方法，必须致力于他者和他性，这一点是明显的。旅游者从来不去自己不熟悉的地方，因为他已经知道在旅行的最后时刻他会发现什么，在这个意义上说，造访不能保持安全放松，既不能在身体方面，也不能在实际方面。造访的创新性在于，它提供了一个替代共情的选项。在我看来，共情的问题在于它假定我们能够纯粹地(并且舒适地)站在别人的立场，如此就否决了我们自己看待和思考事情的情境性，而且也否决了别人看待和思考事情的情境性。因此，造访不是通过别人的眼睛去看，而是在一个不是你自己的地方用你自己的眼睛来看——或者，更准确地说，从一个与你自己的故事非常不同的故事中来看。

因此，政治性地存在要求如上概括出的判断，而正是这个判断概念处于理解观念的核心。但是不能把理解当作一种让"政治性存在"得以可能的"能力"，更准确地说，理解是"在同一个世界永远与别人、陌生人一起"生活(Arendt，1994，p. 322)，是政治性地存在。正如汉森所下的结论，"理解之心，看起来结合了理性与情感，并不是个体意愿汇合后的结果，或是一种友爱，而是对某种距离的保留，但这种距离仍然需要人们之间的世界性的纽带(worldly ties)，也让这种纽带得以可能"。(Hansen，2005，p. 6)因此，政治性地存在不是基于"友爱"——基于共同的身份或共同的本质——而是基于对距离和陌生(strangeness)的保留；这种保留使得世界性的纽带得以可能。换句话说，政治性地存在，不是关涉共同的根据，而是关涉共同的世界。(Gordon，2002)如果在政治性存在和道德之间有一些关系的话，那么 *117*

这种关系不是道德能够保证或形成政治性存在的基础。至多，恰恰是政治性存在使得道德得以可能。（Hansen，2005，p. 11）反过来，这意味着政治的基础本身是政治性的。因此我们可以说，对"自由能够出现的空间"的追求，才是政治性存在的唯一动力。

结论

如果我们返回到儿童什么时候会为政治性存在而"准备好"的问题，我们现在可以给出两个答案。第一个答案是儿童永远不会为政治性存在做好准备，原因很简单，因为政治性存在不是建立在某种预备之上的。这在某种程度上是一个哲学观点：阿伦特的理解、判断、对陌生者的耐心、力图在世界中不感到拘束等概念，不是我们为了能够政治性地存在而不得不学习的事物(或就此而言，不是我们能学习的事物)；这些概念只是描述了政治性地存在意味着什么。但是我们也可以从实践经验的角度看这个问题；我们可以看到，无论儿童学得如何宽容和恭敬，儿童是否能够对陌生者耐心倾听，儿童是否能真正在多元性中行动，始终是一个根据具体情况而回答的开放性问题。就这一点来说，我可以说儿童永远不能为政治性地存在做好准备，然而他们又始终不得不为此做准备。政治性地存在、耐心倾听陌生者，不是那种在我们不方便的时候就能简单延缓的事情。

然而，虽然这意味着我们不能为了政治性存在而学习，但这并不意味着我们不能从政治性存在那里学到东西——而在我看来，这个区别是非常重要的，因为它为教育和民主政治相关联的不同方式留出了空间，而不是从准备和发展主义的角度来对待。政治性地存在，"协力"地行动而不抹除多元性是一项艰难的"工作"(不是阿伦特意义上的用法)，这是因为某种情境在某些方面是独一无二的，所以在每种情境中，我们需要在某种程度上重新建构政治性存在的意义，重新建构包容多元性和差异的方式，并重新建构我们不断努力从而让自己在这个世界中不觉拘束的各种办法。这一定会影响我们为了政治性存在而具有的动机，不管是积极影响还是消极影响。学校所具有的独特性是一种可能性，即把反思嵌入为政治性存在而做的努力之中。这不只是因为教育者的某种权威——虽然这也发挥着一个作用——而是首先因为一个更加世俗的原因，即在学校环境中，儿童和青年在某种程度上(并且只在某种程度上)是"无法逃离的观众"。如果我们要把学校宣称为一个政治性存在的"禁区"，也就是说，如果我们要把学校仅仅理解为一个获取知识和技能的地方，而不是一个自由可能会出现的地方，那么这就是问题的所在；因为在那种情况下，任何对政治性存在可能有意义的学习，都会无果而终，并且和真实的经验脱离。让政治性存在远离学校不仅是不负责任的，而且这样做也是不可能的，因为儿童和青年人的生活——不管是校内还是校外——都被有关"在多元性中在一起"的问题所充满。

118

　　这个硬币还有另一面，因为如果我们继续以预备的角度考虑教育与民主的关系，从而预备一旦结束，民主就能开始，那么我们也夺走了儿童和青年向"成人"世界的政治性存在学习的机会。(关于这一点，

Biesta，2011b)换句话说，我们否定了政治性存在的实验性特征，即政治性存在永远不会获得保障，而是始终必须重新建构这一事实。换句话说，我们否定了政治性存在的脆弱性。从某种意义上讲，从政治性存在中拿走教育维度，比起从学校拿走政治维度，更是一个问题，因为，与学校不同，社会没有在政治性存在中"嵌入"反思和学习的设施。这并不是说没有人对此承担任何责任。它是一种集体责任，一种"社会"(不是阿伦特意义上)责任，从而让政治性存在向未来保持开放。毕竟，如果我们不再从政治性存在中学习，而是期盼政治性存在会发生，我们也可以说我们不再试图在世界中自如地生活，如此，我们放弃政治性存在——对于阿伦特而言，最终也是人类存在——完全是可能的这一希望。

因此，为了将阿伦特丰富而具有挑战性的洞见运用于政治和政治性存在，我们需要克服的问题是她的"发展主义"，这就是儿童需要特殊关注和特殊措施的观点，而理由是儿童从根本上说和成年人是不同的。如果有什么是需要我们特别关注的事情的话，那么这就是政治性存在和政治性地存在本身既是为了"儿童"又是为了"成年人"。如果有什么是需要我们作为教育者加以关注的事情的话，那么这必须是对于政治性存在的机会的关注，即关注在世界中力图自如地存在，并关注对陌生人的耐心倾听。这既是教育的责任，又是政治的重任，因为此处存亡攸关的是在共同的世界中我们人类存在的可能性。

/7. 精通/

了解心理学……绝对不是我们将会成为好教师的保障。

——威廉·詹姆斯

这本书的最后一章将回归教学和教师的主题，而在某种意义上讲，教学和教师可以被看作贯穿前面几章的主线，因为，前面几章都力图阐明对教育的一种理解，即教育不是仅涉及学习，而是总是回归到教学和被教的问题上来。在这一章中，我希望更细致地考察这个问题。我从教师教育的角度开展这个考察，因为关于教师应该是什么样的以及教师应该能做什么的大量关注，已经从教师教育的问题领域里出现了。就此而言，这一领域存在两种显著的话语：第一种话语部分来自政策制定者，部分来自教育研究共同体，并且关注点放在教学要基于证据的需求上；第二种话语可能更多是通过政策推动的，其聚焦点放在能力（competence）观念上。尽管两种路径并非没有理由，并且至少以带有修辞色彩的方式迎了某种"常识"——毕竟，谁愿意论证教学不应该运用研究证据？谁愿意论证教师不应该有能力？——但是这两种路径不是说就没有问题。

涉及"证据"的话语的重要问题在于，它倾向于事实而不是价值，因此它很难抓住这样一个洞见，即教育总是根据目的而设计发展的，因而会根据什么是好的和令人向往的教育的观念来拟定。而且，大多数声称产生教育方面的证据的研究，偏向于以"强的"角度看待教育，因为它倾向于寻找教育"输入"与"结果"之间的因果联系，并且看起来忘掉了教学及其产生的影响之间的任何联系都是"弱的"联系，即通过解释而不是通过因果律而建立起来的。第三，在关于证据在教育中的角色的讨论中，存在一种很强的趋势，认为这种证据实际上应该取代或否决专业判断，从而导致剥夺了教师的影响力，并且转向一种教育实证主义的文化。

关于这一点，涉及教师能力的话语更加开放，并且能更好地承认教师在所有教育中的关键角色。问题在于能力概念被使用的一些方式，即它力图包括所有可能发生的关于教育的事件，从而产生了一个荒谬而冗长的清单，上面列着教师应该具备能力的每一个事项，如此，又遗忘了专业判断的角色。同时，涵盖教学所有方面的这个宏愿，使得能力话语强烈地聚焦在过去——即力图迎合我们在教育情境中目前知道的关于可能会发生什么的知识，以及可能和什么相关的知识——如此，使得教学对未来远远不够开放。因此，在这一章中我会论证一个入手教学问题和教师教育问题的不同路径，这个方式强调判断在一个始终为全新、开放和不可预测的情境中具有的关键角色。基于我下面详细解释的原因，我把这种路径称为素质本位的教学和教师教育，即聚焦在教育智慧，以及通过教师教育帮助教师具有教育上的聪慧。因此，我提出教育性"精通"的养成应该是教师教育的核心。

害怕落后的恐惧

最近几年，政策制定者和政治家已经越来越关注教师教育。英国政府近来为英格兰的学校发布了一个新政策框架——这个报告被冠以一个令人关注的题目《教学的重要性》(The Importance of Teaching)①——它不仅条理清晰地阐述了国家资助的学校教育在自身重要转型中的限制因素，而且对教师的教育也有具体的建议。苏格兰政府最近委托相关人员和部门对苏格兰教师教育进行回顾。这个名为《为苏格兰的未来而教》(Teaching Scotland's Future)②的报告，也同样为教师教育和教师专业的进一步发展做了非常具体的介绍。此外，教师教育越来越受到欧洲层面的发展的影响，特别是在 2000 年里斯本战略环境下所带来的影响，而这个战略制定的目标是使欧盟成为一个"在世界上最具竞争力和活力的知识经济"③；再就是受到 1999 年启动的博洛尼亚进程的影响，其目标在于创造一个欧洲高等教育区域。2005 年，欧洲经

121

① http：//www. education. gov. uk/b0068570/the-importance-of-teaching/［访问时间 2012 年 8 月 2 日］

② http：//www. reviewofteachereducationinscotland. org. uk/teachingscotlandsfuture/index. asp［访问时间 2012 年 8 月 2 日］

③ http：//www. consilium. europa. eu/uedocs/cms ＿ data/docs/pressdata/en/ec/00100-r1. en0. htm［访问时间 2012 年 8 月 2 日］

济共同体(OECD)发布了关于教师教育状况的报告——这个报告名为
《教师是重要的：吸引、发展和保留高效能教师》(Teachers Matter：
Attracting, Developing and Retaining Effective Teachers)[①]——紧随其
后，欧洲委员会在 2007 年出台了一份报告，名为《提高教师教育质量》
(Improving the Quality of Teacher Education)[②]，提出"能在成员国层面
采取的行动的共同反思，并提出欧盟怎么来支持这些行动"。作为这个
进程中的一部分，欧洲委员会也出台了一系列《欧洲教师能力和资格的
共同原则》(Common European Principles for Teacher Competences and
Qualifications)[③]。虽然这些文件本身不具有法律效力，但是它们的确
在欧盟成员国内部施加了强大的影响——这点我在下面会再谈到。

　　人们可以把政策制定者和政治家对教师教育的关注看成是一件好
事。人们可以把这看成是表达对各层教育质量的真正关注，也可以看
成是对一个事实的认可，即教师教育的质量在宏观图景中是一个重要
的因素。但是，人们也可以消极地解读这个现象：既然许多国家的政
府已经通过课程方案、考试、视察、测量和排名表的结合，建立起对
学校的一种强势控制，他们现在已经把他们的注意力转向了教师教育，
从而建立对教育系统的完全控制。当然，这更多地取决于具体情境、
话语和政策将如何进展和已经如何进展。就这点而言，令人关注的是，

----

　　① 　http：//www. oecd. org/education/preschoolandschool/48627229. pdf[访问时间
2012 年 8 月 2 日]

　　② 　http：//ec. europa. eu/education/com392 _ en. pdf[访问时间 2012 年 8 月 2 日]

　　③ 　http：//ec. europa. eu/education/policies/2010/doc/principles _ en. pdf[访问时
间 2012 年 8 月 2 日]

在英格兰的情境中，教学被描述为一种能够在实践中轻易学会的技能（这带来的启示是教师教育可以从大学转换到训练学校进行），而在苏格兰的讨论中，教学被定位为一种专业，而正因为这个原因，它要求有正当的教师教育，不管是从教师准备方面来说，还是从进一步的专业发展方面来说。因此，在"现场"中仍然会存在重要的差异，但同时，我们正看到在关于教学的话语和政策中有越来越多的一种汇合，而这反过来在有关教师教育的话语和政策中，又导致了一种汇合。在所有这些汇合中，似乎正在浮现的主要概念就是能力概念。（Deakin Crick，2008；Mulder，Weigel & Collins，2007）

能力是一个颇有意味的概念，而这至少有两个原因。首先，如我前面提到的，能力概念具有某种修辞的色彩——毕竟谁希望论证教师不应该有能力呢？其次，能力观念把讨论聚焦在教师应该能做什么的问题上，而不是仅仅注意教师需要知道什么。因此，人们可以说"能力"概念更具有实践性，并且，在这个意义上更具整体性，因为它看起来是一个包括知识、技能和行动的不可分割的整体，而不是把行动看作诸如知识的运用或技能的实行。是否的确是这样，还取决于入手能力概念的某种路径和一个人偏好的能力概念。比如，马尔德、威格尔和柯林斯（M. Mulder，T. Weigel and K. Collins，2007）就揭示在关于能力的文献中，至少存在三种传统，即行为主义传统、通用型传统和认知主义传统，而它们又在行动、认知和价值的"混合体"方面有不同的侧重。尽管一些能力定义非常简短和精要——比如厄劳特（M. Eraut）把能力界定为"执行要求的任务或角色以达到预期标准的能力"（Eraut，

2003, p. 117, 引自 Mulder, Weigel & Collins, 2007)——另一些定义则非常宽泛以至于很难看出什么没有包括在能力的概念中，比如迪肯·克里克(Deakin Crick)把能力定义为："在世界上的某个领域中，导致有效能和体现出的人类行动的知识、技能、理解、价值、态度和欲望的复杂结合"。(Deakin Crick，2008，p. 313)

因此，让人过多担忧的不是能力概念本身——它是具有某种吸引力和潜力的概念——让人担忧的首先是一个事实，这就是能力观念正在开始垄断关于教学和教师教育的话语。因此，首先是朝向某种方式的教学和教师教育的思维与言说的汇流趋势，让我们应该感到担心。毕竟，如果没有另一种话语，如果某一种思想仅仅被视为是"常识"，那么这会存在阻止人们去思考的危险。正如我提到的，尽管那些关于教学和教师教育的欧洲文献没有法律效力——关于教育的决策依然牢牢地定位在成员国的层面上——但是那些文献的确具有重要的象征性和修辞性的力量，因为它们成为那些成员国想要引导自身的参照点，其假定是如果成员国不去适应这些文献的内容，那么它们有被落在后面的风险。我们可以从 PISA (Program for International Student Assessment)给全球许多国家的教育已经带来的负面影响中看到类似的逻辑在运作。此处我所想到的，不是 PISA 只关注某种"结果"的事实——尽管就此而言的确有重要的问题让我们去质疑——但我首先想到的是这样一个事实，即 PISA 和相似的系统创造了大范围的教育实践是可以比较的这样一个假象，并且意味着这些实践应该是可比较的。我们可以看到，出于对落在后面的恐惧，出于对被列在排名表末尾的恐惧，学校和学校系统把自身转化为类似 PISA 这样的系统所看重的教育的定义，而结果是越来越多的学校和学校系统开始变得都一模一样了。

那么，这就是某种话语变得具有霸权特征时会发生的状况——也就是当某种话语开始独占思想和言论的时候。与其说话语有改变所有事物的力量，不如说人们开始让自己做事和言说的方式适应这些思想了。那么，这就产生了越来越多的统一性，或者从另一方面来说，导致了教育思想和实践中多样性的减少。生物多样性的论述揭示这种发展的危险性，因为多样性的减少，侵蚀了一个系统高效地和创造性地回应环境变化的能力。而且，统一性导向通常是被恐惧所驱动，即被以不同方式思考和行动的勇气的缺乏所驱动，而这一事实让这样的发展更令人忧心，因为我们都知道恐惧并不是一个好的顾问。

然而，此处问题并不只是导向统一的趋势。问题还在于通过能力、有能力的教师以及教师教育中应该在教师中发展的能力等话语，使得某种特定的教育观被重复、促进和增大。这通常不是教师能力的观念如何呈现出来的方式。这些能力通常呈现为一般的特征，比如对不同的教育观都是相对开放的、相对中立的，并且是相对没有争议的。换句话说，它们呈现为"常识"。因此，重要的是，通过揭示以不同的方式思考教育和思考教师应该能做什么是可能的，从而打破这个常识，至少脱离不加考虑和不加反思的教育常识。但是，我想要论述某种正在增大的教育常识，其本身是有问题的，因为它具有推动在我看来以非教育的方式思考教育的趋势。而这是需要处理的更深层的问题，从而让我们讨论教师教育有一个更好的起点。

教育的"学习化"

我可以从许多地方开始我的讨论，但是，我想通过例子使用一个文件中列出的能力项目来开始讨论。这是一份欧洲委员会教育与文化理事会的文件，名为《欧洲教师能力和资格的共同原则》：

让其发挥作用：核心能力

教学和教育加强知识社会的经济和文化方面，因此应该在社会环境中来理解它们。教师应该能够：

与别人工作：他们在一项专业中工作；这份工作应该基于社会全纳的价值，以及培养每个学习者的潜力。他们需要拥有人类生长和发展的知识，并且在与别人互动中表现出自信。他们需要能够与作为个体的学习者一起工作，并且支持他们发展为全力参与并且积极进取的社会成员。他们还应该能够以这样的方式来工作，即增加学习者的集体智能，并与同事合作与协调，从而提高他们自己的学习和教学。

运用知识、技术和信息进行工作：他们应该能够运用多种类型的知识进行工作。他们的教育和专业发展应该能够装备他们进入、分析、证实、反思和传输知识，在合适的地方高效使用技术。他们的教学技能应该让他们建立和管理学习环境，并且保留智能的自由，从而在传送教育中做出选择。他们使用信息技术的信心应该让他们高效地将其与学习和教学整合在一起。他们应该能够在网络中指导和支持学习者，并在网络上发现和建立信息。他们应该对学科知识有很好的理解，并且将学习视为一种终身的旅途。他们的实践和理论技能应该让他们从他们自己的经验中获得，并且符合一系列的教学和学习策略，以满足学习者的需要。

与社会和在社会中工作：他们在培养学习者作为欧盟公民承担全球性责任方面有所贡献。教师应该能够提高欧洲内部的人口流动与合作，并且鼓励智能方面的尊重和理解。在尊重并意识到学习者文化的多元性与找到共同价值之间，教师应该具有一种平衡理解。他们还需要理解在社会中创造社会凝聚力和排斥力的因素，并且意识到知识社会中的伦理维度。他们应该能够与当地社团、教育中的伙伴和利益相关者——父母、教师教育机构，以及代表性团体——高效地一起工作。他们的经验和专长还应该让他们为质量保障体系贡献力量。在所有这些领域中，教师工作应该嵌入终身学习的专业连续统一体中，包括职前教师教育、入职教师教育和继续专业发展教育，因为他们不可能被期望在结束初始教师教育之后，就拥有了所有必要的能力。①

当然，关于这个文本，可以说很多，而我想说的是这类文本的确需要小心和细致的批判性分析。出于这一章的目的，我想做两个评论。

---

① From http：//ec. europa. eu/education/policies/2010/doc/principles _ en. pdf［访问时间 2012 年 8 月 2 日］

首先，在这个文本中，学校教育更多地被定位为需要传送各种社会产品的工具。教育需要生产诸如社会凝聚力、社会包容力、知识社会、终身学习、知识经济、欧盟公民、知识尊重和理解、共同价值感等事物。从其议程看，这是一个非常功能主义的教育观，并且就教师需要能够做什么的核心内容来讲，也是非常功能主义的。它描绘出一幅图景，其中社会——当然总会有"社会"究竟是谁的问题——设定了议程，而教育被视为传送这个议程的一个工具。同时，在这个文本中，赋予教师的唯一的"智能自由"是如何"传送"这个议程，而不是要"传送"的是什么。(我在"传送"一词上加了引号，是想强调，这首先是讨论教育时一个非常不幸且没有帮助的暗喻)简言之，这个功能主义或工具主义的教育观看起来没有考虑这样一个观念，即教育可以有其他关注；这个教育观显著地把学校看成是需要解决"别人的问题"的机构。

我的第二个评论涉及这样一个事实，即在这个文本中，教育被显著地从学习的角度来描述。我们读到，教师应该培养每个学习者的潜力，教师需要能够和学习者作为个体一起工作，教师应该以增加学习者的集体智能为目标，教师应该能够建立和管理学习环境，高效地把信息技术整合到教学和学习中去，为信息网络中的学习者提供引导和支持，并且把学习视为终身旅程。我在前面几章中指出在教育中兴起了"新学习语言"，以及更广泛的教育话的"学习化"，因此对我而言，这个文本是这些现象的又一个例子。正如我讨论过的，这些兴起的现象，揭示了教育实践、教育政策和教育研究领域所使用的语言内部发生的大量"转化"。在把学生、小学生、儿童甚至成人称为学习者的趋势中，我们能看出这一点。在把教学称为对学习的辅助或对学习环境的管理的趋势中，我们能看出这一点。在把学校称为学习之地或学习环境的趋势中，我们能看出这一点。在不再言说成人教育而是谈论终身学习的趋势中，我们也可以看出这一点。

可能突出这里的问题所在的最快方式，是说教育的目的不是儿童和学生学习，而是他们学习某事物，并且他们这样做出于某些原因，同时参照了某些目的。正如我说的，学习语言的主要问题在于，它是一种过程性语言，而不是一种涉及内容和目的的语言。但是，教育从来不只是关于学习的，而始终是关于为了某些目的学习某些事物。而且，学习语言是一种个体性语言——归根结底，学习是你能够自己做的事情——教育语言则是一种关系性语言，也就是说其中总会存在某人教育另一个人的思想。因此，学习语言的兴起，造成的问题是三重的：它使提出关于内容的问题更加困难，它使提出关于目的的问题更加困难，它使提出关于教师在教育关系中的具体角色和责任的问题更加困难。

正如我前面提到的，能力观念本身未必就不好，但我所担忧的是这个观念扩大某一特定教育观所用的方式；它通过某种关于教育的语言，即学习语言，来这样做。这意味着，如果我们希望言说关于教师教育的一些教育性的东西，换句话说，如果我们希望超越学习语言，那么，我们需要参与到更恰当的教育性的言说和思考中来。我们一旦做这件事，就可能发现——而这将是我在下面论述的——能力观念变得不那么具有吸引力，并且变得不太适合来思考教师教育及其未来了。

127

那么，让我进入我论述的下一步，而它与教育实践的本质有关。

教育是为了什么？

让我从一个简短的轶事开始。在苏格兰，经验丰富的中小学教师会有机会在一个特别设计的硕士项目中学习，从而获得一个更高的资格。成功通过这个项目评估的教师可以自称为"特许教师"（就像特许会计师，或特许检验师）。学习这个项目的教师需要能够做的一件事是，通过进行小范围的研究项目，他们能够改善他们的实践。我已经指导过不少这些项目，让我发觉值得关注和非同寻常的是，大多数教师能够提供关于他们已经能够改变自己的实践这一事实的证据，但是他们发觉很难阐明，为什么这些改变算是他们的实践的改善。他们经常认为，至少在一开始，实践中的一个改变自动就是一个改善，直到我揭示给他们，每次实践发生改变，我们仍然可以问为什么这样的改变是一个改善，即为什么那个变化是一个值得想往的变化，为什么变化了的情境比以前存在得更好。我们只有一种回答这个问题的方式，而这就是通过致力于教育是为了什么的问题，也就是关于教育目的的问题。归根结底，只有我们能够阐释我们想要获取的是什么，我们才能够判断在实践中的一个变化是让我们靠它更近，或是离它更远。

128 我论证有必要致力于教育目的的问题，并不是力图界定教育目的应该是什么样的。但是我的确希望就我们应该如何致力于目的问题而提出两个观点。第一个观点是教育实践在我看来始终服务于不止一个目的——并且也是这样做的。教育目的的多维度恰恰是让教育令人关注的所在。它也是教育中需要某种判断的原因所在，而这是我在下面会回过头来讨论的。说教育的目的问题是多维度的，我是指教育在许多不同维度"发挥功能"和"运行"，而且在每个维度都需要提出教育的目的问题。我在前面几章已经说过，我在自己发表的多个出版物中已经提到过，教育过程和教育实践倾向于在三个不同的领域运行，而就每个领域来说，我们需要提出目的问题。（Biesta，2010b；Biesta，2009）我把这三个领域称为资格化，社会化和主体化。资格化大体上涉及教育使人们做某事具备资格的方式——就这个词广义上的含义而言——使人们具备知识、技能和性情。这是学校教育中一个非常重要的维度，而有些人甚至会论述这是学校里唯一应该关注的事情。然而，教育不只是涉及知识、技能和性情，而且涉及通过教育成为已有社会、文化和政治实践及传统的一员的方式。这就是教育的社会化维度，用更加通用的说法，它的导向是把新来者"嵌入"已有的秩序中。此处，新来者可以是儿童，以及那些从一个国家转移到另一个国家的人，或从一种文化转移到另一种文化的人。我们在此处还可以想到教育把新来者带到某些专业秩序和文化中。正如我提到过的，有些人持有一种非常苛刻和狭窄的教育观，并论证学校的唯一任务是关注知识、技能和性情，但是在过去的数十年中，社会化功能已经成为讨论学校目的的一个明显维度。我们具体从一系列的社会性"议程"中可以看到这点；那些议程已经添加到学校的课程中，比如环境教育、公民教育，社会和道德教育、性教育，等等。此处的观念是，教育不仅给儿童和学生施以社会化的力量，而且教育应当这样做，其本身是人们向往的。

此处，虽然人们又会辩论以上是学校教育应该关注的仅有的两个正当与合法的维度，但是我已经论证过存在第三个维度，而教育运行且应该运行于其中。这个维度涉及教育对人的影响的方式，而这就是主体化维度。重要的是，要意识到主体化和社会化不是一回事——而当代教育的一项重要挑战就是我们如何真正地阐明二者之间的区别。（Biesta，2006a）社会化涉及我们如何成为已有秩序中的一部分，我们如何辨识那些秩序，从而获得一种身份；另一方面，主体化，可以说始终涉及我们如何在这些秩序"之外"存在。运用主体化这样一个相对来说"陈旧"但是依然重要的概念，我们可以说它与人类自由的问题相关——当然，这又提出了进一步的问题，即我们应该如何理解人类自由。

因此，我想提出，要致力于教育中的目的问题，要求我们相对于这三个维度来进行。它要求我们思考相对于资格化、社会化和主体化，我们的目标是获取什么。致力于目的问题要求"覆盖"所有三个领域的原因在于这样一个事实：我们在教育中做的任何事情，会潜在地"影响"这三个领域中的任何一个。这三个领域不是分离的，承认这一点是重要的，而这就是为什么我倾向于通过一幅有三个重叠区域的韦恩图（Venn-diagram）来描述它们。重叠区域很重要，因为一方面这意味着形成合力的机会，但是另一方面，它也帮助我们看到三个维度之间的潜在冲突。在职业教育中，对某些技术的教学方式，同时也运作为使学生社会化的方式，从而使他们融入工作中的某些领域，承担专业责任等，而这就是潜在合力的一个例子。测试和考试的持续压力，可能是在资格化领域中抬高成绩的有效方法，但在有这种压力的地方，如果教给学生的一个观念是竞争优于合作的话，那么就会对主体化领域施加负面影响，这就是潜在冲突的一个例子。

考虑到合力与冲突的可能性，又考虑到我们的教育活动总是同时"运行"在三个领域中，那么通过这三个领域看教育的做法，开始让一些事物得以显现，而这些事物在我看来绝对是教师工作的核心，这就是进行情境性判断的需要，而且这种判断涉及的是：与这三个维度相关，从教育方面来讲什么是值得人们向往的。教师工作的核心不只是他们设置了目标，并实施那些目标。因为教育是多维度的，教师需要不断地判断如何在三个维度中找平衡；他们需要设置优先性——而且始终不能笼统地设置，而是始终需要根据具体的学生在具体的情景中来设置——并且，一方面他们需要能够处理三个维度之间的张力和冲突，而在另一方面，他们应该能够看到和运用促成三个维度的合力的可能性。所有这些都在"变化"和"改善"的简单区别中起作用。因此，回答变化是否是改善这样的问题，不仅仅是评价迈向某个目标的进展。由于教育的多维度性，我们总是需要考虑这样一种可能性，即在某个维度有所收获，可能就在另一个维度上有所损失。

从这个思路开始浮现出来的是这样一个提议，由于教育的目标或"目的"(*telos*)是一个多维度的问题，所以判断——从教育上来说什么是令人向往的判断——最终成为教师工作中绝对关键的要素。

教育中的判断与智慧

如果我力图把目前为止的论述线索收到一起，那么浮现出来的观点是：问题不在于教师是不是应该有能力做事——人们可以说当然他们应该有能力——而是能力，即做事的能耐，本身永远不是充分的。说得坦率一些：如果一个教师拥有教师需要的所有能力，然而却不能判断哪种能力需要在什么时候施展，那么这个教师是无用的。关于"需要做什么"的判断，总是需要参照教育目的而做出——这就是为什么学习语言帮不上忙，因为学习语言不是可以容易提出、阐明和对待目的问题的语言。而且，既然教育目的问题是多维度的问题，那么要做的判断也需要是多维度的，并且在某个维度有所获可能就在另一个维度上有所失的可能性也需要考虑进来——因而，可以说，还需要在得与失之间做恰当的平衡和"权衡"判断。这样的判断不是在学校政策文献的层面上做出的，而是存在于教室里所发生的核心部分，存在于教师和学生的关系中——而这样的判断一遍又一遍地进行着。

有些人可能会论述说，我这是在论证教师需要在做教育判断方面具有能力，而我则想把判断的本领视为与能力不同的事物。我的一部分论证是，如果我们把做教育判断的本领视为能力，那么它是能力清单上的一种而且是唯一的一种能力。但是我们也可以说，教师应该在做某事方面具有能力这一观念，就其中存在的合理性而言，总会存在进一步的需要，这个需要就是判断在什么时候做什么事是正当的。

教育判断在教师的教育教学中具有绝对核心的角色，而类似的立论也可以相对于另一个讨论教学和教师教育的趋势建立起来；这个趋势就是教学应该发展为一项基于证据的专业，正如人们论证医学应该发展为一项基于证据的专业一样。这是一个重大而复杂的讨论，而我已经在别的文章中做过细致的探讨。（Biesta，2007b；2010c；2010d）本章的主要讨论点是这样一个问题，即对教育而言，不依赖于专业人士的判断而是基于"什么起作用"的强势的科学证据，这是否是一个好的想法。此处的观念是：这样的证据可从大规模的实验研究中产生，而在这样的研究中，实验组获得了某种"处理"，而控制组则没有获得这个"处理"，目的是其后可以测量这种"处理"是否有效果。如果有效果，那么——所以论证可以继续——我们拥有了此项"处理""起作用"的证据，也因此拥有了告诉我们该做什么的证据基础。

出于论证的考虑，即便我们愿意承认进行上面提到的这种研究是可能的，但是这种研究的结果在两种方式上具有局限性。第一是这种研究至多给我们关于过去的知识。也就是说，它们给我们的是以前什么可以起作用的知识，但是没有任何保障——至少在人类互动领域中——确保以前起作用的知识也会在未来起作用。这已经意味着这种知识至多给我们行动的可能性，而不是准则。因此它可能会充实我们的判断，但是它不能替代我们的判断。判断之所以重要，还因为在某个教育维度起作用的事物，实际上可能对另一个教育维度而言会有损害效果。

正如能力本身不足以抓住教学的实质，教育作为基于证据的专业这一观念更是缺少了意义。两种情况中都缺少的是教育判断的绝对关键的作用。特别是就后一个讨论而言——即关于科学证据的作用——它把我们带回到在教育讨论中已经流传了很久的一个问题，这个问题就是教学究竟是一门艺术还是一门科学。曾经简短而有力地反对把教学视为科学的一个人，是威廉·詹姆斯(1842—1910)。在他的论文《和教师谈心理学》(*Talks to Teachers on Psychology*, 1899)中，他如下表述自己的立场：

> 心理学是一门科学，而教学是一门艺术；科学永远不会直接产生艺术。一个调解二者且有创意的头脑，必须通过自身的创造而发挥作用。
>
> 这样的科学至多能做的是，如果我们的推理或表现出现失误，它帮助我们发觉自己和检查自己，在我们犯错之后更准确地批评自己。
>
> 因此，知道心理学，绝对不是我们会成为好教师的保障。若要成为好教师，我们必须具有另外的天赋，一种欢乐的机智和独创性，以便当学生在我们面前时，这种天赋告诉我们该做和该说哪些确切的事情。虽然面见和追逐小学生的智谋以及应对具体情况的机智，是教师的艺术的主要成分，但是这些是心理学丝毫也帮不上忙的事情。(James，1899，pp. 14—15)

詹姆斯提供了一个有力的论证，阐明为什么教学不应该也不能理解为科学——而实际上需要机智、独创性以及，所以我希望补充一下，判断——但是，詹姆斯对于论证的正面说得较少，即对教育应该理解为一种艺术说得较少。正是在此处，我转向了亚里士多德，这不仅因为他就此问题有许多值得关注的内容可说，而且更重要的是因为他帮助我们超越了教学是一门科学还是一门艺术这个问题，而朝向教学究竟是何种艺术这个问题。

亚里士多德的论述始于理论生活和实践生活的区别。理论生活与"必要的和永久的事物"相关（Aristotle，1980，p. 140），因而与亚里士多德所称的科学（*episteme*）的知识种类相关，然而，实践生活与"变化"的事物相关（同上，p. 142），也就是与变化的世界相关。这样的世界是一个我们行动的世界，并且我们的行动带来变化的世界。关于我们在变化的世界里的行为，亚里士多德在两种行动中做出了区分，即"*poiesis*"（制作）和"*praxis*"（实践），或者在卡尔（Carr，1987）的翻译中就是"making action"（制作类行动，即生产事物的行动）和"doing action"（实践类行动，即践行中和践行出的行动）。两种"模式"的行动都要求判断，但是所需判断的种类极其不同，而这对教育的艺术是一个重要的洞见。制作涉及的是事物的生产和创作——比如，一个马鞍或一艘船的制作。正如亚里士多德所说的，它涉及"事物是如何形成的，且这种形成可以存在也可以不存在"（这意味着它是关于变化的，而不是关于永久和必要性的），并且它还涉及"事物的起源是制作者，而不是已经做好的事物本身"。（这就把制作与诸如生长和发展生物现象区别开了）（Aristotle，1980，p. 141）简言之，制作涉及的是某事物的生产，而这个事物之前没有存在过。对于制作而言，我们需要的知识种类是技艺（techne）（英文通常翻译为"Art"〈艺术〉）。在更现代的语言中，它就是技术性和工具性的知识，即"如何制作事物的知识"。（同上，p. 141）亚里士多德评论认为制作的"目的在其本身之外"。（同上，p. 143）制作的目的外在于其手段，意味着技艺，即如何制作事物的知识，涉及的是找到手段从而做出一个人想要制作的事物。因此，技艺包括我们关于工作的材料的知识，也包括我们可以运用于那些材料的技能。但是，制作马鞍从来不仅仅是遵循某种秘诀。它包括我们对自己的综合知识运用于这种皮革、这匹马和这个骑马的人的判断。因此，当我们专注于制作事物的时候——或更准确说，制作某些事物的时候，我们会对应用、制作和效能进行判断。

然而，变化的领域并不局限于事物，同时也包括社会世界，即人类行动和互动的世界。这是实践的领域。正如亚里士多德所言，此处的导向不是生产事物，而是带来"善"或人类繁荣。实践是关于"哪类事情在总体上是有益于好的生活的"。（同上，p. 142）它是关于好的行动的，但是好的行动不是为了获取其他事物的手段。"好的行动本身就是目的。"（同上，p. 143）此处我们需要的判断不是关于"事物应该怎么做"的判断；我们需要的是"要做什么"的判断。（同上，重点为作者所加）亚里士多德把这种判断称为 *phronesis*，通常翻译为实践智慧。实践智慧是"理智的与真实状态的本领，用以就人类的善而行动"。（同上，p. 143）

从此处可看出两点。首先一点是与教育的本质有关的，而这一点我从亚里士多德那里获得支持，将论述我们永远不应该把教育仅仅看成是生产过程，即制作过程。教育显然是处在可变化的领域中，它与人类之间的互动有关，而不是人类和物质世界之间的互动有关。换句话说，教育是一门社交艺术，而社交美学和物质美学在一些重要的方式上是不一样的(但不是说他们是完全分离的)。这并不意味着我们应该从我们的教育思考中排除制作这一观念。毕竟，我们希望我们的教学和我们的课程有效果和有效能；我们希望我们的学生成为好公民，技术精湛的专业人员，知识丰富的人们；而为此，我们的确需从制作的角度思考教育过程，即从产生一些事物的角度。但是这永远不应该是教育的全部意义。教育始终不只是生产，不只是制作，并且——正如我已经在本书各章所论述的——最终教育恰恰是非生产/制作的，因为最终我们作为教育者，不能声称并且不应该希望声称我们生产了我们的学生。我们教育他们，并且我们在自由中和为了自由而教育他们。这就是为什么教育中的至关重要的地方——即让教育具有教育性的部分——并不在制作的领域中，而是在实践的领域中。换句话说，它揭示了为什么教育终究是一门社交艺术，而不是一门物质艺术(而这可以看作为什么从基于证据的实践的讨论中出现的方法，错误地放在了涉及教育的领域中)。

我想指出的第二点是，实践智慧，即相对于带来善的实践所需要的智慧，很好地抓住了我已经谈到过的教育判断。毕竟，教育判断涉及的是我们需要做什么，但不是带着技术意义上的生产某物的目的，而是带着会引出什么在教育上是令人向往的这个目的(存在于我已识别到的三个重叠领域)。因此，这种判断不是技术性判断，而是价值判断。亚里士多德在此处添加的是——而把这些教育观发展为教师教育观是重要的——实践智慧不应理解为一系列技能或性情，或一系列能力，而是代表人的某种素质或卓越之处。此处亚里士多德所用的希腊语是 ἀρετή，而对它的英语翻译是 virtue。做有智慧的教育判断的本领，因此不应该看成是某种"附加物"，即不应该看成那些不管有没有都不会影响我们成为一个人的事物，而是代表我们所谓一种整体性素质，一些弥漫于整个人的东西和让整个人具有某些特征的东西——而此处我们可以把"具有某些特征"（characterize）按字面意思来理解，因为 virtue 也通常翻译为"性格"（character）。

因此，问题不是我们怎么学习实践智慧。问题在于，我们如何成为一个具有实践智慧的人（*phronimos*），如何成为一个在实践方面有智慧的人。更具体地说，问题是：我们怎么成为在教育方面的有智慧的人。因此，此时我想提出，这就是教师教育的问题。

在教育上变得智慧

我们怎么在教育上变得智慧呢？关于这个问题，当亚里士多德写道："具有实践智慧的年轻人找不到"（同上，p. 148）的时候，他其实是提出了一个更值得注意的观点。他在此处说的是智慧是随着年龄而来的东西——或者最好说智慧是随着经验而来的，而这为教师教育问题提供了一个重要的提示。与此相关的是这样一个事实，即每次亚里士多德面对某人期望得到"实践上有智慧的人"的定义时，他不提供某些特征和素质的抽象描述，而是给出一些体现实践智慧的人的真实例子——比如，在政治家方面的案例为伯里克利(Pericles)。亚里士多德似乎在说：如果你想知道实践智慧是什么，如果你想知道在实践方面有智慧的人是什么样的，看看他，看看她，因为他们是绝好的例子和有关人的长处的例子。因此，如果这个观点聚焦在某人怎么会在教育方面变得智慧，那么这会怎么帮助我们重构教师教育呢？

第一个应用是教师教育应该关注整个人的生成(我想强调，不是作为私人的个体，而作为专业人)。这一方面是指专业发展的社会化，但同时也包含我们所谓"专业主体化"。教师教育不仅仅是知识、技能和性情(资格)的获取，也不仅仅是照着其他教师那样做(社会化)，而是首先起源于一个人的生成和再生成，而恰恰是从此处，可以说有关知识、技能和性情的问题，有关价值和传统的问题，有关能力和证据的问题才参与到讨论中来。此处的指导原则是教育智慧的观念，即做出明智的教育判断的能力。按照亚里士多德的观点，我们可以称之为"素质本位路径的教学"和素质本位路径的教师教育。尽管我们可以说我们此处追寻的是让师范生成为有德行的专业人士，我更愿意以不同的方式讨论 virtue 这个观念，并且想提出我们在教师教育中应该追寻的是一种在做明智教育判断方面的精通(virtuosity)。

精通的观念，能够帮助我们找到素质本位路径的教师生成中的另外两个维度，因为如果我们想想音乐家们发展他们精湛技艺的方式，我们可以看到他们是通过练习他们想要发展精湛技艺的事物，并通过观察和研究别人的精湛技艺而进行的。这恰恰把我们引向我想提出的教师教育路径的另外两个构成部分。

因此，第二个构成部分是，我们可以通过操练判断的方式而发展有关明智教育判断的精通程度，即通过致力于使这种判断在一系列更加广泛的教育情境中得以可能的方式。换句话说，并非通过读书我们就能善于判断；我们必须实践，并且我们通过做而学习它。在某个层面上讲，这并不是一个原创的思想，即我们只有通过做才能真正学会教学的艺术。但是，我认为在工作岗位上学(即：在工作岗位上学会技能)，或反思性实践，或基于问题的学习之间是存在重要差异的。我所追寻的是我们可称之为基于判断的专业学习，或者聚焦于判断的专业学习。它不只是任何经验性或实践性学习，而是不断地把做教育判断的本领作为学习的参照点——而这就意味着，在教育目的的某种格局中，它不断地致力于在教育上什么是令人想往的问题。

第三个构成部分涉及向榜样学习。一方面，我们只能通过操练我们的判断发展我们在教育判断上的精通，同时，我们也可以从研究别人的精通中学习很多，特别是那些我们认为已经到达某个水平的精通的人。[①] 这种学习过程并不可理解为合作学习或同伴学习的过程。学习别人的精通的整个观念，可以说是你向那些体现了你渴望学习的事物的人学习。换句话说，这个过程不是平衡的，而是非平衡的。研究

---

① 此处值得关注的问题是：我们是否只应该聚焦于那些体现了教育精通的榜样人物，或者我们是否也应该从研究那些没有体现这种精通的人那里学习。更普遍的问题是我们是否从好的榜样学习还是从不好的榜样学习。就教育精通而言，我倾向的论证是：只有当我们已经对精通看上去是什么有了感觉，我们才能够从那些缺少这种精通的案例中学习。

其他教师的精通可以采取许多不同的形式。一方面，这可以通过观察教师如何在教室里做那些表现出的和情境性的明智教育判断来学习——或者至少努力这样做。我们必须牢记，这种判断并不总是明显或可见的——而且，因为精通是经过时间才体现出来的——因此，总是需要对话，与教师交谈，从而找出为什么他们那么做。这可以以一个小规模的研究来做——师范生向教师访谈关于他们的判断和他们在教育方面的精通——但同时，这也可以以一个大规模的研究来做，比如我们通过为有经验的教师做生活史，不仅获得他们的精通感，而且可能获得他们在自己职业生涯中发展教育精通的轨迹。

结论

那么，如果我们不以证据或能力的视角思考教学而是聚焦于判断，或更准确地说，教育判断，那么，以上是教师教育可采纳的三个参照点。做判断的这种本领不可理解为一种技能或能力，而是理解为教育专业人士整个人的一种素质——这就是为什么我已经把这个路径指称为素质本位路径的教学和教师教育。它主要的聚焦点是，发展某种做出教育判断的精通水平——不是作为一系列技能或能力，而是将会帮助教师变得在教育上具有智慧的过程。我们的教育行动永远不只是对过去已发生的事物的重复，而是始终对未来是彻底开放的；为了引起对这一点的注意，这样的智慧是尤为重要的。为了能够致力于这样的开放性，并且以教育的方式致力于它，我们需要判断，而不是处方。

/后记　为事件教学法而论/

　　在本书的前面部分，我通过多个角度和多个"主题"，已经反思了教育之弱。我已经不但力图揭示教育"起作用"的弱的方式，而且已经强调了一个事实的重要性，这就是，教育——或正如我在某些地方所表达的"名副其实的教育"，即不仅关注资格化和社会化的教育，而且关注主体化，关注主体性事件的可能性——只能以弱的、存在主义的方式"起作用"，而不是以强的、形而上学的方式起作用。因此，我论证我们不应该把教育的创造"行动"理解为让本质得以存在——一种形而上学的运作——而是为本质带来（或者更好的表达：呼唤来）生命。因此，我强调真正的教育交流（不同于把信息从 A 传到 B 的交流）是极其开放的和未确定的过程，因而也是一个始终"在解构中"的过程——相应地，这意味着我们应该避免通过我们对交流的理论性理解而试图整体化交流活动，而是始终应该通过把那些理论本身带到交流活动中而"尝试"它们。因此，我提出"被教"的经历无法由教师带来，因而在这个意义上，教学是一种礼物馈赠，而这个礼物是教师并不拥有的东西。也因此，我论证我们需要使"学习"观念去自然化以便使其停止凌驾于我们之上，从而我们可以再度对它加以控制。也因此，我探索了一种对解放的理解；这种解放观念无关强大的干预，而通常在那种干预中一个人会解放另一个人以便带来平等；然而我提到的这种解放涉及这样一个过程，即它被那些以平等的假定为出发点的人们所"抓住"。也因此，我论证了民主不是建立在一个心理状态的前提下，即在适当的发展轨迹之末端能够到达的心理状态，而是必须理解为一种存在模式，并且这种模式导向自由的出现。也因此，我论证教学不是一件遵照秘诀操作的事情；教学最终需要对于什么在教育上是令人向往的这个问题能够做出智慧的情境性判断的教师。

在每种情况中当然都有一种风险。致力于教育的开放性和不可预测性，导向一个可以发生也可以不发生的事件，认真对待交流，承认教师力量在结构性方面的局限性，意识到解放和民主不能以像机器运作一样的方式产生，承认教育永远不能简化为制作，而总是需要实践智慧的逻辑，都意味着认真对待风险。而这样做并不是因为风险被视为是不可避免的——毕竟可以想象，我们在未来的某个时刻并通过巨大努力能够从教育中去除这些不可预测性——而是因为没有风险，教育本身可能会消失，这样一来，社会复制行为，"嵌入"当下存在、行动和思考规则的行为，就会接管教育。如果我们的导向是朝向对已经存在的事物的复制，这样做也许是令人向往的；但是，教育对进入一个由自由主体组成的世界也关注，对生产顺从的客体则兴趣无多，而如果我们真正对教育的这一过程有所关切，那么以上(关于复制的导向)就不是令人向往的了。为此，我们不需要因果律的教学法，那种只

后记 为事件教学法而论 | 197

是意在生产预先规定的"学习结果"的教学法。我们需要一种事件教学法，那种积极地导向教育之弱的教学法。一言以蔽之，这是一种甘冒教育的美丽风险的教学法。

来到世界，独一性，以及教育的美丽风险

菲利普·温特(Philip Winter)对格特·比斯塔的访谈

温特：在您的著作中有一种教育理论吗？

比斯塔：可能会有的，尽管我不得不说，它更多是经过许多年而浮现出来的东西，而不是我刻意着手去发展出来的。当然，我始终对教育的理论和哲学问题感兴趣，但可能是当我开始动手写我的那本《超越学习》(Biesta，2006)时，许多东西聚在一起，并且一个教育理论浮现出来了——而即使是那个时候，我也只能在我完成那本书之后阐明这个理论是关于什么的。

温特：您能简要地描述这个理论是关于什么的，并且它是如何"起作用"的吗？

比斯塔：当然。从概念上讲，它依赖于两个观念："来到世界"和"独一性"。为了理解这些观念为什么会出现，并且为什么很重要，我

142 可能需要说一下在发展这些概念的过程中我回应的一些议题。对"来到世界"这个概念的工作，开始于上个世纪（20世纪）90年代；那时我受邀给一个关于身份认同的学术会议供稿。当我开始探索那个概念时，我意识到许多东西。其中一点就是我实际上对身份认同问题并不是真正感兴趣——对我而言，身份认同问题始终是关于识别的问题（被某人识别和/或识别某物），因此始终是阐释一种第三人称的视角；可以说，身份认同是一个说明性概念——但是我对主体性问题更感兴趣，即对我们怎么可以是或成为一个行动和负责的主体更感兴趣。对于我来说，那是一个教育学问题，但是身份认同更多的是一个社会学和心理学问题。

那时候我已经读了大量福柯的著作，不像许多人依然看起来认为的那样，我所理解的关于主体死亡的整个讨论不是关于主体性——或"主体状态"——的可能性的终结，而是目的在于呈现一个观念，即谈论主体的真理是可能的。也就是说，声称知道什么是主体，并且声称拥有这种知识是可能的。人们当然可以把这个完全当成一个哲学问题，但是我关注的是谈论关于人的主体的事实是可能的这个观念是如何"起作用"的，也就是说，这个观念在一系列领域中，包括教育领域和政治学领域中，做了什么并且做过些什么。

正是在那个时候，我意识到教育——或者正如我现在想说的：现代教育——倾向于建立在一个关于人类本质和命运的真理之上，用教育语言来说，就是建立在关于儿童是什么以及儿童必须成为什么样的人的真理之上。诸如"自主性"和"理性"这样的观念在现代教育思想和实践中扮演重要的角色。尽管我完全赞成自主性和理性，但是二者并非就没有问题。比如，我们可以永远完全自主，这样的情况会存在吗？那实际看上去会是什么样的？理性和非理性的界限是历史的，并且，在某种意义上，是政治性的，而非简单就是"在那里的"，或能够在人类内在的深处找到的，难道不是这样的情况吗？除了这些更普遍，并且在某种意义上更哲学的问题，我还关注那些永远不能够获得自主性或理性的人。他们在教育的范围之外吗？他们在政治领域之外吗？他们逾越了关于什么意味着人性的范围吗？因此，谈论关于人类的事实这一观念，对我而言，不仅仅是一个哲学问题；对我来说，它首先是一个教育的、政治的和关于人类存在的问题。这就是为什么我对于力图阐明主体是什么缺少兴趣——当我在诸如海德格尔、列维纳斯、福柯和德里达等哲学家的著作中探寻这个主题时，至少这个问题不具有可能性。我宁愿力图找到能够捕捉主体如何存在的一种语言。

　　我从琼·卢克·南希（Jean Luc Nancy）那里学到的是"显现"（coming into presence）这个观念；这个观念对我而言，用了更为存在主义的方式谈论主体，一个指向事件而不是本质或身份的方式；这个方式对谁"显现"表示关注，而不是力图界定什么会到来、什么应该到来或什么被允许来到当下的存在。如此，"显现"观念完全改变了传统教育思维，但其做法不是从儿童要成为什么样的人的问题展开，而是通过阐明一种关注而进行的，即宣称自身为（用阿伦特的话说）一个新的开始、一个新事物、一种新生。"显现"作为事件，其重要性在于它不是可以在孤立状态下进行的。"显现"总是进入他者的显现——这导致

143

我探索一种关系维度；它可被称为主体性事件的关系维度。这个探索的一部分由我早期关于实用主义和主体间性观念的著作而充实，但是我感到，实用主义缺少了我现在所说的"显现"解构本质，即某人的"显现"的可能性条件，同时又是它的不可能性条件。我从瑞士建筑学家伯恩哈德·屈米（Bernhard Tschumi）的著作中获得灵感；他那时论证一个建筑学概念，包括人们利用建筑的方式，以及由此总是带来的对建筑项目的中断。但是我的主要灵感来自汉娜·阿伦特的著作，以及她的"行动"观念。

阿伦特不仅帮助我看到，我们的"显现"，总是依赖于别人怎么继续我们开始的新事物。她还帮助我看到，如果我们致力于这样一个世界，即每个人所开始的事物都能够显现，那么我们必须与这样一个事实共处——实际上不是一个事实，而是对政治性地存在意味着什么的一种阐明——也就是说，别人如何继续我开始的事物完全超出我的控制。使我"显现"得以可能的条件——也就是说，他者继续我开始的新事物的事实——可以说同时破坏了我开始的新事物的纯粹性，因为他者应该有自由按照他们自己的方式继续我所开始的事物。阿伦特引人入胜的句子"多元性是人类行动的条件"仍然很好地捕捉住了这点，因为只有在多元性的条件下，每个人开始的新事物才能够进入当下的存在，而不是只有单个人开始的新事物显现。正是因为这样的思路，我从"显现"概念转向"来到世界"（coming into the world）这个概念。主要原因是强调我所看到的主体性中固有的政治本质，那就是这样一个事实：主体性事件只能在一个多元与有差异的世界中发生——因此我们

144

可以说，在一个城邦或公共领域中发生。

从教育方面来看，所有这些意味着教育者的责任永远不能只是导向个体——个体儿童——并导向他们的"显现"，而是同时需要导向对空间的维护，在这个空间，如阿伦特所言，"自由可以出现"。因此，这个是一个双重责任：为了儿童和为了世界，并且更具体地说，为了这个世界的"世界性（多样性）"。

温特：那么关于独一性呢？

比斯塔：独一性的观念是重要的，因为如果我们只是有"显现"这样的观念，那么我们会有一个主体性事件怎么发生的陈述——换句话说，我们会有一个主体性的理论——但是我们不会有为什么每一个来到世界的主体的主体性是重要的这样的论证。这就是为什么"来到世界"的观念需要由"独一性"观念来补充。但是阐明独一性的方式有两种——一种是把我们带回到认同概念和有关主体的知识问题，另一种则是把我们引向与人类存在有关的论证。在我的著作中，我已经把这个阐明为"独一性作为差异"和"独一性作为不可替换性"之间的区别（Biesta，2010b）——而后者的灵感来自伊曼纽尔·列维纳斯。独一性作为差异聚焦在我们的特征上，聚焦在我们所拥有的方面，并且阐明我们每一位在某些方面和其他人如何不同。再次地，我们可以说这是一个第三人称的视角，然而更有问题的是独一性作为差异，基于一种与别人的工具性关系：我们需要别人，从而阐明我们与他们不同，然而这就是我们需要别人的全部意义。可是，独一性作为不可替代性带来一个不同的问题；这个问题并非是什么使得我独特，而是我之为我在什么时候是重要的？对这个问题的简短回答是，当某人向我说话，当某人向我请求，当某人呼唤我的时候，我之为我是重要的。可以说，那些情况是我被别人挑选出来的情境。而在那些情境中——如果别人追随我，不是因为我的社会角色而跟随我（那样将是我的身份）——那么，我就是不可替代的；或者更准确地说：在我们对别人的责任中，我们是不可替代的。我们是否接受这个责任，用齐格蒙特·鲍曼的话说，我们是否为我们的责任而负责，完全取决于我们。没有理论能够告诉我们说我们应该做这个。别人也不能命令说我应该接受这个责任。这完全取决于我。所以，在这个意义上，独一性作为不可替代性不仅阐明了第一人称的视角，而且完全是关于人的存在的。它没有声称主体是什么——而只是声称我们能够发现我们自己的情境，我们可以被确实单独选中的情境，以及我们的独一性显得重要的情境。我依然发现这是致力于主体性的事件的一种有力方式——并且实际上也是相当美丽的方式。我不把它看成是一种主体性的理论，而是把它称为一种"主体性的伦理"（Biesta，2008）——因为主体性的问题、主体性的事件是以伦理的语言入手的，而不是从认识论和本体论的语言入手的，而这又是以另一种方式说，关于人的主体，没有什么可以知道的。

温特：这怎么和"来到世界"联系起来呢？

比斯塔：嗯，在某种意义上，它详细说明了独一性怎么来到世界。然而，独一性是一个事件，而不是个体可以拥有的事物，或个体声称拥有的事物（或就此而言，声称可以知道的事物）。作为一个事件，它总是存亡攸关的，总会有主体性事件是否能够获得的问题——而这可能作为一个用语已经有点过于主动了。

温特：教育者能够用这些思想做什么呢？

比斯塔：实际上很少——就是说，如果你以亚里士多德意义上的制作来理解"做"的话，即把"做"理解为生产的话。当然，教育按照这一思路理解有一个很长的传统，即教育作为生产一些事物的过程，需要具有某种结果的过程，正如当前实在太流行的词语"学习结果"。然而，我们不是生产我们的学生；我们在那里教他们——正如我们不制作我们的孩子；他们生而面对我们。因此，主体性不是一个结果，而且更称不上是学习结果；它恰恰不是一种可以制作的事物——这就是为什么我特别喜欢主体性事件和主体作为事件的观念。但是，它给教育者带来一种困境，因为，一方面我论述——而我并不是唯一论述这个题目的而是联系到一个漫长的教育传统——主体性问题应该成为最为重要的教育关注，但是另一方面我似乎在说教育者没有什么可做的。

我对这个困境的回应是论证这一个观点，即尽管主体性不能够通过教育而生产——就此而言也不能通过政治而生产——但实际上，避免主体性事件的发生是非常容易的。如果主体性事件涉及别人能对我说话的方式，涉及别人的相异性能对我说话的方式，那么不管是在个体层面还是机构层面，创造一些情境以便在其中把向我们言说的可能性删除掉，这是很容易的；在其中，正如简·马萨诸林（Jan Massche-

146

lein)所说的，我们对他者的呼唤变得具有免疫性，我们搭建起我们的樊篱，闭住我们的眼睛和捂住我们的耳朵——并且甚至可能关闭我们的心灵——并且完全根除掉让别人打断我们的风险，别人向我们说话的风险，用列维纳斯的话说，别人质疑我们的风险。让教育成为一个无风险的经历，可以这么说，成为一个我们不再被（别人）质疑的区域，一个（别人）不再向我们言说的区域，一个我们不再被接触的区域，一个"我"永远无关紧要的区域，那么这可能是最大的问题。让教育100％安全，让教育100％无风险，那么就意味着教育从根本上变得非教育。这就是为什么教育的风险——我倾向于称之为教育的美丽风险——所以是非常重要的；但是我意识到论证教育应该有风险并不符合时尚。

温特：这个观点，同样也在您关于教育研究的某种趋势的评论背后吗？我此处想到是，比如，您在您的论文《为什么"起作用的"将不会起作用》（Why"what works"won't work）（Biesta，2007b）中，您对基于证据的教育的评论。

比斯塔：绝对是的。基于证据的教育的整个观念，是建立在铲除风险和对教育过程完全控制的欲望这一基础之上的。这里有好几个问题。其中一个问题涉及对教育过程和教育实践的一些假定，而那些教育过程和实践被认为充实了当下正在推动的研究概念。这个假定认为，教育可以被理解为一个因果律过程——制作的过程——并且我们需要的知识是关于输入与输出的因果关联的知识。我不认为教育是这样一种过程——而且我也不认为教育应该被理解为这样一个过程，或者，更糟的，应该被塑造为这样一个过程。后面这一点是重要的，因为我认为，从理论上讲，把教育塑造为一种因果律的过程是可能的，也就是说，使教育成为一种以因果律方式运行的过程。这可以通过从根本上减少教育过程的复杂性而做到。(Biesta，2010a)这要求我们控制影响教育输入和教育结果之间关联的所有因素。这可以做到，但这是一个巨大的力量投入，而这不仅产生了花大力气这样做是否值得的问题——苏联没能够保持控制其公民，而且可能朝鲜最终也将不能保持控制其公民——而且产生了这样的力量投入是否是值得向往的(desirable)的问题，而当你将这个做法放到它的极致境地时，你会明显看到这样的努力最终是不值得向往的。但是，这是一种滑坡谬误，而在许多国家，教育正在沿着这个方向快速行进，而且变得具有压迫性；这种压迫不仅向接收的一端——学生——施加，而且可能更多地向在这种压迫环境下不得不工作的人施加，比如，教师、教育领导和管理者们。

温特：您创作了一个黑白的图画，它或者是控制或者是自由，或者是因果律或者是开放性，这会存在风险吗？

比斯塔：这是个公正的评论，而实际上它涉及《超越学习》出版后我意识到的许多事情，其中之一就是尽管主体性问题非常重要，而且，在某种意义上，是教育的最必要和最根本的维度，但是它不是教育的全部。这就是为什么我在我写的《测量时代的好教育》中论证教育，特

147

别是学校教育，不仅在人类主体性的方面发挥功能，而且还发挥其他功能。在书中，我把其他功能指为资格化——这是知识、技能和性情领域——和社会化——我把它定位为通过教育我们成为现存"秩序"中的一部分的方式（社会秩序、政治秩序、文化秩序、宗教秩序、专业秩序等）。我认为意识到教育在这三个领域中发挥功能是重要的。但同时我也把这三个领域视为教育目的的三个维度，即教育者能够声称教育应该发挥功能、应该产生影响的三个维度。也许——但是我依然想谨慎地说——关于输入与输出关系的问题，关于使教育"起作用"的问题，在教育中有关资格化和社会化维度中占有一席之地。毕竟，如果我们想使我们的学生学习复杂技术——比如驾驶波音 777、做脑部手术，而其实在整个技术领域中，还包括汽车技术、管道工程，等等——那么，我们想确保我们的学生把事情做"对"。（而这对我而言，总是包括让学生需要能够就把事情做"对"的意义而言做出判断，此外，学生还需要能够判断：在某种情况下什么时候把事情做对是没有必要的。）因此，我们必须留心教育不只是关于主体的问题。但是同时我想说的是如果这个维度掉落——如果它从我们眼前消失，如果它不再认为是相关的，那么我们已经以一个非教育的（uneducational）空间而结束了。在我看来，教学艺术恰恰是在三种维度中找到适当平衡的艺术，并且这是一个持续不断的任务，而不是预先设定好的或通过研究能解决的。

148　　　**温特**：那么最后一个问题：在您的教育理论中，民主处在一个什么样的位置？

比斯塔：尽管在我目前所说的内容里，我还没有用"民主"一词，但是我希望这点是明显的，那就是在我看待教育的方式中有一种强烈的民主"情怀"。对于我而言，它追溯到主体性作为事件与主体性事件只有在多元性条件下才是可能的观念之间的联结。在某种意义上，这就是民主风尚和教育风尚融汇到一起的所在，甚至二者一致的所在。因此，对我而言，民主处在教育的核心地带——它并不是一个补充，而是存亡攸关的东西——如果我们以我力图入手它的方式看待主体性事件的话。

温特：非常感谢。

参考文献

Andreotti, V. (2011). *Actionable postcolonial theory in education*. New York: Palgrave Macmillan.

Apple, M. , and Beane, J. (1995). *Democratic schools*. Alexandria, VA: Association for Supervision and Curriculum Development.

Arendt, H. (1958). *The human condition*. Chicago: University of Chicago Press.

Arendt, H. (1977a). The crisis in education. In H. Arendt, *Between past and future: Eight exercises in political thought*. Harmondsworth: Penguin Books.

Arendt, H. (1977b). What is freedom? In H. Arendt, *Between past and future: Eight exercises in political thought*. Harmondsworth: Penguin Books.

Arendt, H. (1977c). Truth and politics. In H. Arendt, *Between past and future: Eight exercises in political thought*. Harmondsworth: Penguin Books.

Arendt, H. (1982). *Lectures on Kant's political philosophy*. Chicago: University of Chicago Press.

Arendt, H. (1994). Understanding and politics (the difficulties of understanding). In H. Arendt and J. Kohn (Eds.), *Essays in understanding* 1930—1954. New York: Harcourt, Brace and Company.

Arendt, H. (2003). "What remains? The language remains". A conversation with Günter Gaus. In P. Baher (Ed.), *The portable Hannah Arendt*. New York: Penguin Books.

Aristotle (1980). *The Nicomachean ethics*. Oxford: Oxford University Press.

Aspin, D. N., and Chapman, J. D. (2001). Lifelong learning: Concepts, theories and values. In *Proceedings of the 31st Annual Conference of SCUTREA*. University of East London: SCUTREA.

Barr, R. B., and Tagg, J. (1995). From teaching to learning: A new paradigm for undergraduate education. *Change* (November/December), 13—25.

Bauman, Z. (1993). *Postmodern ethics*. Oxford: Blackwell.

Bauman, Z. (1998). *Leven met veranderlijkheid , verscheidenheid en onzekerheid*. Amsterdam: Boom.

Bennington, G. (2000). *Interrupting Derrida*. London and New York: Routl! edge.

Biesta, G. J. J. (1994). Pragmatism as a pedagogy of communicative action. *Studies in Philosophy and Education*, 13(3—4), 273—290.

Biesta, G. J. J. (1998). "Say you want a revolution...." Suggestions for the impossible future of critical pedagogy. *Educational Theary*, 48 (4), 499—510.

Biesta, G. J. J. (2001). "Preparing for the incalculable": Deconstruction, justice, and the question of education. In G. J. J. Biesta and Egéa-Kuehne (Eds.), *Derrida and education*. London and New York: Routledge.

Biesta, G. J. J. (2003). Jacques Derrida: Deconscruction = justice. In M. Peters, M. Olssen, and C. Lankshear (Eds.), *Futures of critical theory: Dreams of difference*. Lanham, MD: Rowman and Littlefield.

Biesta, G. J. J. (2004a). Education after deconstruction. In J. Marshall (Ed.), *Poststructuralism, philosophy, pedagogy*. Dordrchn and Boston: Kluwer Academic Press.

Biesta, G. (2004b). The community of those who have nothing in common: Education and the language of responsibility. *Insterebange*, 35(3), 307—324.

Biesta, G. J. J. (2005). What can critical pedagogy learn from postmodernism? Further reflections on the impossible future of critical pedagogy. In I. Gur Ze'ev (Ed.), *Critical theory and critical pedagogy today: Toward a new critical language in education*. Haifa: University of Haifa.

Biesta, G. J. J. (2006a). *Beyond learning: Democratic education for a buman future*. Boulder, CO: Paradigm Publishers.

Biesta, G. J. J. (2006b). "Of all affairs, communication is the most wonderful": Education as communicative praxis. In D. T. Hansen (Ed.), *John Dewey and our educational prospect: A critical engagement with Dewey's democracy and education*. Albany, NY: SUNY Press.

Biesta, G, J. J. (2006c). What's the point of lifelong learning if lifelong learning has no point? On the democratic deficit of policies for lifelong learning. *European Educational Research Journal*, 5(3—4), 169—180.

Biesta, G. J. J. (2007a). Education and the democratic person: Towards a political understanding of democratic education. *Teachers College Record*, 109 (3), 740—769.

Biesta, G. J. J. (2007b), Why "what works" won't work: Evidence-based practice and the democratic deficit of educational research. *Educational Theory*, 57(1), 1—22.

Biesta, G. J. J. (2008). Pedagogy with empty hands: Levinas, education, and the question of being human. In D. Egéa-Kuehne (Ed.), *Levinas and education: At the intersection of faith and reason*. London and New York: Routledge.

Biesta, G. J. J. (2009). Good education in an age of measurement: On the need to reconnect with the question of purpose in education. *Educational Assessment, Evaluation, and Accountability*, 21 (1), 33—46.

Biesta, G. J. J. (2010a). Five theses on complexity reduction and its politics. In D. C. Osberg and G. J. J. Biesta (Eds.), *Complevity theary and the politics of education*. Rotterdam: Sense Publishers.

Biesta, G. J. J. (2010b). *Good education in an age of measurement: Ethics, politics, democracy*. Boulder, CO: Paradigm Publishers.

Biesta, G. J. J. (2010c). Why "what works" stili won't work: From evidence-based education to value-based education. *Studies in Philosophy and Education*, 29(5), 491—503.

Biesta, G. J. J. (2010d). Evidenz und Werte in Erziehung und Bildung: Drei weitere Defizite evidenzbasierter Praxis. In H. -U. Otto, A. Polutta, and H. Ziegler (Hrsg.), *What works—Welches Wissen braucht die Soziale Arbeit*? Opladen, Germany: Barbara Burdich.

Biesta, G. J. J. (2010e). How to exist politically and learn from it: Hannah Arendt and the problem of democratic education. *Teachers College Record*, 112(2), 558—577.

Biesta, G. J. J. (2011a). Disciplines and theory in the academic study of education: A comparative analysis of the Anglo-American and Continental construction. of the field. *Pedagogy, Culture, and Society*, 19(2), 175—192.

Biesta, G. J. J. (2011b). *Learning democracy in school and society*. Rotterdam/Boston/Taipei: Sense Publishers.

Biesta, G. J. J. , and Egéa-Kuehne, D. (Eds.) (2001). *Derrida and education*. London and New York: Routledge.

Biesta, G. J. J. , and Lawy, R. (2006). From teaching citizenship to learning democracy. *Cambridge Journal of Education*, 36(1), 63—79.

Bingham, C. (2009). *Authority is relational*. Albany, NY: SUNY Press.

Bingham, C. , and Biesta, G. J. J. (2010). *Jacques Rancière: Education, truth, emancipation*. London and New York: Continuum.

Boyne, R. (1990). *Foucault and Derrida: The other side of reason*. London: Routledge.

Brackertz, N. (2007). *Who is hard to reach and why*? Institute of Social Research Working Paper. Melbourne: Swinburne University of Technology.

Britzman, D. (1998). *Lost subjects, contested objects: Toward a psychoanalytic inquiry of learning*. Albany, NY: SUNY Press.

Caputo, J. D. (Ed.). (1997). *Deconstruction in a nutshell. A conversation with Jacques Derrida*. New York: Fordham University Press.

Caputo, J. D. (2006). *The weakness of God: A theology of the event*. Bloomington and Indianapolis: Indiana University Press.

Caputo, J. D. (2007). *How to read Kierkegaard*. London: Granta Books.

Caputo, J. D., and Vattimo, G. (2007). *After the death of God*. New York: Columbia University Press.

Carr, W. (1987). What is an educational practice? *Journal of Philosophy of Education*, 21(2), 163—175.

Critchley, S. (1999). *Ethics-politics-subjectivity: Essays on Derrida, Levinas, and contemporary French thought*. London: Verso.

Deakin Crick, R. (2008). Key competencies for education in a European context. *European Educational Research Journal*, 7(3), 311—318.

Delors, J., et al. (1996). *Learning: The treasure within*. Paris: UNESCO.

Department for Education and Employment (1998). The learning age: A renaissance for a new Britain. London: The Stationery Office.

Derrida, J. (1978). *Writing and difference*. Chicago: University of Chicago Press.

Derrida, J. (1982). *Margins of philosophy*. Chicago: University of Chicago Press.

Derrida, J. (1984). Deconstruction and the other: An interview with Jacques Derrida. In R. Kearney, *Dialogues with contemporary Continental thinkers*. Manchester, UK: Manchester University Press.

Derrida, J. (1991). Letter to a Japanese friend. In P. Kamuf (Ed.), *A Derrida reader: Between the blinds* (pp. 270—276). New York: Columbia University Press.

Derrida, J. (1992a). *Given time*: *I. Counterfeit money*, trans. Peggy Kamuf. Chicago: University of Chicago Press.

Derrida. J. (1992b). Force of law: The "mystical foundation of authority." In D. Cornell, M. Rosenfeld, and D. Carlson (Eds.) *Deconstruction and the possibility of justice*. New York and London: Routledge.

Derrida, J. (1994). *Specters of Marx*. New Fork: Routledge.

Derrida, J. (1997). The Villanova roundtable: A converSation with Jacques Derrida. In J. D. Caputo (Ed.), *Decomtruction in a nusbell*: *A conversation with Jacques Derrida*. New York: Fordham University Press.

Derrida, J. (2001). "I have a taste for the secret." In J. Derrida and M. Ferraris, *A taste far the secret*. Cambridge: Polity Press.

Derrida, J. , and Ewald, F. (2001). "A certain 'madness' must watch over thinking." Jacques Derrida's interview with François Ewald, trans. Denise Egéa-Kuehne. In G. J. J. Biesta and D. Egéa-Kuehne (Eds.), *Derrida and education*. London and New York: Routledge.

Dewey, J. (1895). *Plan of organization of the univety primary school*. In J. A. Boydston (Ed.), *John Dewey*, *The early works*, 1882—1898. *Volume* 5. Carbondale and Edwardsville: Southern Illinois University Press.

Dewey, J. (1897). *My pedagogic creed*. In J. A. Boydston (Ed.), *John Dewey*, *The early works*, 1882—1898. *Volume* 5. Carbondale and Edwardsville: Southern Illinois University Press.

Dewey, J. (1916). *Democracy and education*. In J. A. Boydston (Ed.), *John Dewey*, *The middle works*, 1899—1924. *Volume* 9. Carbondale and Edwardsville: Southern Illinois University Press.

Dewey, J. (1958 [1929]). *Experience and nature. Second edition*. New York: Dover.

Disch, L. J. (1994). *Hannah Arendt and the limits of philosophy*. Ithaca, NY, and London: Cornell University Press.

Eagleton, T. (2007). *Ideology*: *An introduction. New and updated edition*.

London and New York: Verso.

Egéa-Kuehne, D. (Ed.). (2008). *Levinas and education: At the intersection of faith and reason.* London and New York: Routledge.

ELLI Development Team (2008). *European Lifelong Learning Indicators: Developing a conceptual framework.* Gütersloh, Germany: Bertelsmann Stiftung.

Eraut, M. (2003). National vocational qualifications in England: Description and analysis of an alternative qualification system. In G. Straka (Ed.), *Zertifizierung non-formell und informell erworbener beruflicher Kompetenzen.* Miinster/New York: Waxmann.

Faure, E., et al. (1972). *Learning to be: The world of education today and tomorrow.* Paris: UNESCO.

Fejes, A. (2006). *Constructing the adult learner: A gevernmentality analysis.* Linköping, Sweden: Linköping University.

Festenstein, M. (1997). *Pragmatism and polhical theory: From Dewey to Rorty.* Chicago: University of Chicago Press.

Field, J. (2000). *Lifelong learning and the new educational order.* Stoke-on-Trent, UK: Trentham.

Forneck, H. J., and Wrana, D. (2005). Transformationen des Feldes der Weiterbildung. In H. J. Forneck and D. Wrana (Eds.), *Ein parzelliertes Field: Eine Einführung in die Erwachsenenbildung.* Bielefeld, Germany: Bertelsmann.

Foucault, M. (1975). *Discipline and punish: The birrb of the prison.* New York: Vintage.

Foucault, M. (1977). A preface to transgression. In D. F. Bouchard (Ed.), *Language, counter-memory, practice: Selected essays and an interview by Michel Foucault.* Ithaca, NY: Cornell University Press.

Foucault, M. (1984). What is enlightenment? In P. Rabinow (Ed.), *The Foucault reader.* New York: Pantheon.

Foucault, M. (1991). Questions of method. In G. Burchell, C. Gordon, and P. Miller (Eds.), *The Foucault effect: Studies in governmentality*. Chicago: University of Chicago Press.

Freire, P. (1972). Pedagogy of the oppressed. London: Penguin Books.

Garrison, J. (1999). John Dewey, Jacques Derrida, and the metaphysics of presence. *Transactions of the Charles S. Peirce Society*, 35(2), 346—372.

Gordon, M. (1999). Hannah Arendt on authority: Conservativism in education reconsidered. *Educational Theory*, 49(2), 161—180.

Gordon, M. (Ed.). (2002). *Hannah Arendt and education: Renewing our common world*. Boulder, CO: Westview Press, 2002.

Gough, N. (2010). Can we escape the program? Inventing possible/impossible futures in/for Australian educational research. *Australian Educational Researcher*, 37(4), 9—32.

Green, B. (2010). The (im) possibility of the project. *Australian Educational Researcher*, 37(3), 1—17.

Gut Ze'ev, I. (Ed.). (2005). *Critical theory and critical pedagogy today: Toward a new critical language in education*. Haifa: University of Haifa.

Habermas, J. (1987), *The theory of communicative action. Volume two: Lifeword and system: A critique of functionalist reason*. Boston: Beacon Press.

Habermas, J. (1990). *The philosophical discourse of modernity*. Cambridge, MA: MIT Press.

Hansen, P. (2005). Hannah Arendt and bearing with strangers. *Contemporary Political Theory*, 3, 3—22.

Heller, Á., and Fehér, F. (1989). *The postmodern political condition*. New York: Columbia University Press.

Henriksen, J. —O. (2010). Thematizing otherness: On ways of conceptualizing transcendence and God in recent philosophy of religion. *Studia Theo-*

logica—Nordic Journal of Theology, 64(2), 153—176.

James, W. (1899). *Talks to teachers on psychology: And to students on some of life's ideals.* New York: Henry Holt and Company.

Kant, I. (1982). Über Pädagogik [On education]. In I. Kant, *Schrifien zur Anthropologie, Geschichtsphilosophie, Politik und Pädagogik.* Frankfurt am Main: Insel Verlag.

Kant, I. (1992 [1784]). An answer to the question "what is enngntenment?" In P. Waugh (Ed.), *Post-modernism: A reader* (pp. 89 — 95). London: Edward Arnold.

Kerr, D. (2005). Citizenship education in England—listening to young people: New insights from the citizenship education longitudinal study. *International Journal of Citizenship and Teacher Education*, 1 (1), 74—96.

Kierkegaard, S. (1985). *Philosophical fragments.* In H. V. Hong and E. H. Hong (Eds. and Trans.), *Kierkegaard's writings VII.* Princeton, NJ: Princeton University Press.

Kierkegaard, S. (1992). *Concluding unscientific postscript to philosophical fragments, Volume* 1. In H. V. Hong and E. H. Hong (Eds. and Trans.), *Kierkegaard's writings XII* Princeton, NJ: Princeton University Press.

Kierkegaard, S. (1996). *papers and journals: A selection.* London and New York: Penguin Books.

Lave, J. , and Wenger, E. (1991). *Situated learning: Legitimate peripheral participation.* Cambridge: Cambridge University Press.

Leeming, D. A. (2010). *Creation myths of the world. Second edition.* Santa Barbara, CA: ABC-CLIO/Greenwood.

Levinas, E. (1969). *Totality and infinity: An essay on exteriority.* Pittsburgh: Duquesne University Press.

Levinas, E. (1981). *Otherwise than being or beyond essence.* The Hague: Martinus Nijhoff.

Levinas, E. (1985). *Ethics and infinity*. Pittsburghe Duquesne University Press.

Levinas, E. (1987). Phenomenon and enigma. In E. Levinas, *Collected philosophical papers*. Dordrecht: Nijhoff.

Levinas, E. (1989). Ethics as first philosophy. In Si Hand (Ed.), *The Levinas reader*. Oxford: Blackwell.

Levinas, E. (1998a). *Entre-nous: On thinking-of-the-Other*. New York: Columbia University Press.

Levinas, E. (1998b). *Of God who comes to mind*. Stanford, CA: Stanford University Press.

Lingis, A. (1981). Translator's introduction. In E. Levinas, *Otherwise than being or beyond essence*. The Hague: Martinus Nijhoff.

Lucy, N. (2004). *A Derrida dictionary*. Oxford: Blackwell.

McLaren, P. (1997). *Revolutionary multiculturalism: Pedagogies of dissent for the new millennium*. Boulder, CO: Westview Press.

Meirieu, P. (2007). *Pédagogie: Le devoir de rgsister*. Issy-les-Moulineaux, France: ESF éditeur.

Meirieu, P. (2008). Le maître, serviteur public. Sur quoi fonder l'autoritd des enseignants dans nos sociétés démocratiques? Conférence donnée dans le cadre de l'École d'été de Rosa Sensat, Universitd de Barcelone, juillet 2008. Retrieved from www. meirieu. com/ARTICLES/maitre _ serviteur _ public _ version2. pdf (June 1, 2012).

Messerschmidt, A. (2011). Welter bilden? Anmerkungen zum lebenslangen Lernen aus , erwachsenenbildnerischer und bildunstheoretischer Perspektive, in Kommision Sozialpädagogik (Ed.), *Bildung des Effective Citizen: Sozialpädagogik auf dem Weg zu einem neuen Sozialentwurf*. Weinheim/München: Juventa.

Miedema, S. , and Biesta, G. J. J. (2004). Jacques Derrida's religion with/out religion and the im/possibility of religious education. *Religieus Education*,

99(1), 23—37.

Mollenhauer, K. (1976). *Erziehung und emanzipution* München: Juventa.

Mulder, M. , Weigel, T. , and Collins, K. (2007). The concept of competence concept in the development of vocational education and truning in selected EU member states: A critical analysis, *Journal of Vocational Education and Training*, 59(1), 65—85.

Neil, A. S. (1966). *Freedom—Not license*! New York: Hart.

Nola, R. , and Irzik, G. (2005). Philosophy, science, education, and culture. Dordrecht: Springer.

O'Bryne, A. (2005). Pedagogy without a project: Arendt and Derrida on teaching, responsibility, and revolution. *Studies in Philosophy and Education*, 24(5), 389—409.

Organisation for Economic Co-operation and Development (OECD) (1973). *Recurrent education: A strategy for lifelong learning*. Paris: OECD.

Organisation for Economic Co-operation and Development (1997). *Lifelong learning for all*. Paris: OECD.

Papastephanou, M. (2012). Crossing the divide within Continental philosophy: Reconstruction, deconstruction, dialogue, and education. *Studies in Philosophy and Education*, 31(2), 153—170.

Pelletier, C. (2009). Emancipation, equality, and education: Rancière's critique of Bourdieu and the question of performativity. *Discourse*, 30 (2), 137—159.

Pols, W. (2001). Voorbij de pedagogiek van de regel [Beyond the education of the rule]. *Pedagogiek*, 21(3), 195—199.

Rancière, J. (1991a). *The ignorant schoolmaster: Five lessons in intellectual emancipation*. Stanford, CA: Stanford University Press.

Rancière, J. (1991b). *The nights oflabor*. Philadelphia: Temple University Press.

Rancière, J. (1995). *On the shores ofpolitics*. London and New York: Verso.

Rancière, J. (1999). *Dis-agreement: Politics and philosophy*. Minneapolis: University of Minnesota Press.

Rancière, J. (2003). *The philosopher and his poor*. Durham, NC, and London: Duke University Press.

Rancière, J. (2004). *The politics of aesthetics*. London: Continuum.

Rancière, J. (2009). A few remarks on the methods of Jacques Rancière. *Parallax*, 15(3), 114—123.

Rancière, J. (2010). On ignorant schoolmasters. In C. Bingham and G. J. J. Biesta, *Jacques Rancière: Education, truth, emancipation*. London and New York: Continuum.

Rancière, J., Panagia, D., and Bowlby, R. (2001). Ten theses on politics. *Theory and Event*, 5(3).

Richardson, V. (2003). Constructivist pedagogy. *Teachers College Record*, 105(9), 1623—1640.

Roth, W. -M. (2011). *Passability: At the limits of the constructivist metaphor*. Dordrecht: Springer.

Ruitenberg, C. (2011). The empty chair: Education in an ethic of hospitality. In R. Kunzman (Ed.), *Philosophy of Education* 2011. Urbana-Champaign, IL: Philosophy of Education Society.

Sæverot, H. (2011). Kierkegaard, seduction, and existential education. *Studies in Philosophy and Education*, 30(6), 557—572.

Schutz, A. (2002). Is political education an oxymoron? Hannah Arendt's resistance to public spaces in schools. Philosophy of Education 2001. Urbana-Champaign, IL: Philosophy of Education Society.

Simons, J. (1995). *Foucault and the political*. London and New York: Routledge.

Simons, M., and Masschelein, J. (2009). Our will to learn and the assemblage of a learning apparatus. In A. Fejes and K. Nicoll (Eds.), *Foucault and lifelong learning*. London and New York: Routledge.

Sleeper, R. W. (1986). *The necessity of pragmatism*. New Haven, CT: Yale University Press.

Stengel, B. , and Weems, L. (2010). Questioning safe space: An introduction. *Studies in Philosophy and Education*, 29(6), 505—507.

Tenorth, H. -E. (2008 [2003]). *Geschichte der Erziebung: Einführung in die Grundzüge ihrer neuzeitlichen Entwicklung*. Munchen: Weinheim.

Todd, S. (2003). *Learning from the other*. Albany, NY: SUNY Press.

Vanderstraeten, R. , and Biesta, G. J. J. (2001). How is education possible? *Educational Philosophy and Theory*, 33 (1), 7—21.

Vanderstraeten, R. , and Biesta, G. J. J. (2006). How is education possible? A pragmatist account of communication and the social organisation of education. *British Journal of Educational Studies*, 54(2), 160—174.

Westphal, M. (2008). *Levinas and Kierkegaard in dialogue*. Bloomington and Indianapolis: Indiana University Press.

Winter, P. (2011). Coming into the world, uniqueness, and the beautiful risk of education: An interview with Gert Biesta by Philip Winter. *Studies in Philosophy and Education*, 30(5): 537—542.

Yang, J. , and Valdés-Cotera, R. (Eds.) (2011). *Conceptual evolution and policy developments in lifelong learning*. Hamburg: UNESCO Institute for Lifelong Learning.

Yeaxlee, B. A. (1929). *Lifelong education*. London: Casell.

索 引 *

---

* 本索引的每个条目后所附数码为英文页码，即中文版边码。

译 后 记

我利用教学和科研之余，花了一年多的时间，总算将这本书翻译完成了。我感觉自己像是了却了一件大事，多少轻松了一点。此时，窗外的江南秋雨滴答作响，把我带回翻译此书的那段日日夜夜。我想，也许该记下些文字作为完成此项工作的留念。

翻译此书的过程，无疑让我对比斯塔的理论有了进一步的理解，并对他行文的优雅，逻辑的清晰，思维的缜密，论证的严谨，有了更深的体会。当我把一个教育学家承载于英语的那些深邃思想用中文表达出来时，我获得了一种靠阅读无法体验的愉悦感。然而与这种愉悦感伴随着的，更多的是种种艰难。首先我要面对的是，必须精确理解书的内容和意义，包括诸多教育学专业知识和议题、大量晦涩难懂的哲学、心理学和社会学等学科的理论。这意味着除了运用我自己有限的知识以外，我不得不查阅大量专业书籍、工具书和词典，甚至作者所引用的原著。好在书中的内容，这些年来，在不同场合，比斯塔要么和我提到过、讲解过，要么曾发文章给我与我分享过，让我对书的内容不至于很陌生，否则这本书的翻译难度恐怕会倍增。其次，当我试图把书的内容和专业词语用恰当的中文表达出来时，我常常感到自己的"词穷"。我在自己有限的语言库里搜肠刮肚，并在工具书中寻找最确切的译法。这里，我想再次感谢此书的编辑周益群老师，在整个编校过程中，她付出大量时间与精力就一些专业术语的译法与我反复探讨。最后，面对比斯塔惯用的结构严谨的长句和优雅的语言风格，我如何转化为地道、流畅和不失文采的中文句子？这也常常让我陷入苦思冥想和反复琢磨之中。后面两种情况让我感到学术翻译的难度，有一半也许难在专业知识和外语知识上，而另一半则难在中文造诣尚欠而带来的困境。因此，如果高明的读者发现此书译文有不妥之处，还望不吝指点。当然，一本书可以有很多种译本，我所呈现的只是"一个"译本。

翻译如此之难，而且不算自己的学术成果，那么翻译此书的意义何在呢？我想，除了我在序言中提到的著作本身的价值外，作为一名从事教育学的教师与研究者，这样的工作，也许能让我国教育学界、教育政策制定者和管理者，以及更广大的在教育工作第一线的教师们，可以有机会听到不一样的声音，看到不一样的表达，理解不一样的语言，领悟不一样的思想。正如此书中比斯塔引用阿伦特所言：多元性是人类行动的条件。我想，这恐怕也是让这本书的中文版出现的意义。

赵康

2017 年深秋于杭州

修订说明

　　《教育的美丽风险》自 2018 年出版以来受到读者的关注，多次重印。初版重印之际，译者曾对书中一些语言作了校正。此次借重印之际，译者再次对书中的多处译文进行了修正，例如，将原译"强势""弱势"改译为"强的""弱的"，使其意义包容性增大；将 coming into presence 改译为"显现"，比原译"来到当下的存在"更易懂；将 police order 由原译"警察秩序"，采纳我国已有学者用的表达而改译为"治安构序"；将 The Ignorant Schoolmaster 由原译《无知的男教师》改译为《无知的教师》；将朗西埃讨论的 explication 这一概念，由原译"说明"改译为"解释"，等等。译者还对书中部分语言表达做了调整，希望这个译本不断得到改善 。

赵康

2022 年 11 月 30 日

图书在版编目(CIP)数据

教育的美丽风险 / (荷)格特·比斯塔著；赵康译. —北京：
北京师范大学出版社，2018.2(2025.9 重印)

(教育经典译丛 / 张华主编)

ISBN 978-7-303-22741-9

Ⅰ.①教… Ⅱ.①格… ②赵… Ⅲ.①教育学—研究 Ⅳ.①G40

中国版本图书馆 CIP 数据核字(2017)第 214555 号

北京市版权局著作权合同登记号：图字 01-2016-2116

JIAOYUDE MEILI FENGXIAN

出版发行：北京师范大学出版社 https://www.bnupg.com
　　　　　北京市西城区新街口外大街 12-3 号
印　　刷：北京盛通印刷股份有限公司
经　　销：全国新华书店
开　　本：890 mm×1240 mm　1/32
印　　张：8.25
字　　数：175 千字
版　　次：2018 年 2 月第 1 版
印　　次：2025 年 9 月第 8 次印刷
定　　价：54.00 元

策划编辑：周益群　　　　　　　责任编辑：周益群
美术编辑：李向昕　　　　　　　装帧设计：李向昕
责任校对：陈　民　　　　　　　责任印制：马　洁